W0222235

Dieses Buch gehört:

____

____

ISBN: 3-88117-305-6
VVA-Nr.: 280/00305-0
© Copyright 1981 by Enthaler-Verlag
A-6306 Söll/Tirol, Stockach 35
Alle Rechte vorbehalten, auch auszugsweise
Printed in Germany by Druckhaus Cramer, Greven
Imprimé en Allemagne
Buchbinderische Verarbeitung: Klemme & Bleimund, Bielefeld
Zeichnungen: Klaus Ambrosch
Musterschutz angemeldet beim Amtsgericht Münster

Das Kochbuch aus der Steiermark

gesammelt, aufgeschrieben und ausprobiert von

Christiane Buchner

verlegt im

Enthaler-Verlag
Tirol

Inhaltsübersicht

Znachst han ih a Roas gmacht
ins steirische Land,
han segn wolln, wia d Leut san,
wias – essn mitanand.

Steirisch für Deutsche

Hias is er erst deutsch gwen = Jetzt hat er erst verstanden

Weitere Übersetzungen finden Sie auf Seite 148.

Erstere Voransprache an das gesamte tugendhaffte und häußliche Frauenzimmer

Nach Standes-Gebühr geehrteste Leserinnen!

So beginnt eine Rezeptsammlung anno 1732 und so möchte ich Sie bei unserem Kochbuch aus den Wäldern und Bergen der grünen Steiermark herzlich begrüßen. Aus der großen Anzahl von Rezepten mußten die im Landesinneren weniger spürbaren Einflüsse der angrenzenden ehemaligen Kronländer ebenso unberücksichtigt bleiben wie die bekannten Standardgerichte der österreichischen Küche.

Dieser Band entstand nach jahrelangem Durchschmökern von alten Folianten und nicht mehr im Handel erhältlichen Büchern, vor allem aber nach dem Durchkosten alter handschriftlicher Angaben und vielen Gesprächen mit Menschen aus der ganzen Steiermark. Mein Buch verleugnet aber nicht seinen Schwerpunkt in meiner oststeirischen Heimat unweit vom Waldbauernhaus Peter Roseggers, der also nicht aus literarischer Konvention zitiert wird.

Wenn Sie Ihnen bekannte Rezepte verändert finden, so denken Sie bitte daran, daß im Steirischen schon Nachbardörfer oft etwas verschieden kochen, weil ja das verschnörkelte Kochheft der Großmutter – wie viele meiner Informationen – auf mündliche Überlieferung zurückgeht.

Oft habe ich an einem Bauernhaus angeklopft und fand es immer wieder berührend, wenn sich nach anfänglichem Zögern die ganze Familie zusammenfand und mit wirklicher Freude von den alten Gerichten erzählte, die auch heute noch in abgewandelter Form auf den Tisch kommen.

So will unser Sammelband kein modernes praktisches Kochbuch ersetzen, sondern mit bodenständigen Rezepten und alten Kochgewohnheiten vertraut machen, die sich bis heute lebendig erhalten haben. Der vorgegebene Rahmen dieses Buches läßt im letzten Kapitel nur wenige Beispiele aus dem Leben jener Menschen zu, die das Wesen unseres Landes bestimmt haben. Aus ihnen geht aber hervor, daß viele Bräuche verklungen sind, ein im harten Alltag vieler Generationen geprägter Jahrlauf jedoch weder von Notzeiten noch vom Computerzeitalter beirrt werden konnte.

Wenn auch Sie Freude an der Kraft der einfachen Dinge empfinden würden, wäre ein Ziel dieses Buches erreicht.

Ihre

Christiane Buchner

Zan Fruastuck

essn ma zum Sterz net nur an liachtn Kaffee oder a saure Suppn –

Sehr früh, im Sommer oft schon nach 3 Uhr, wird aufgestanden und gleich mit der Arbeit in Stall und Hof begonnen, während die Küchendirn, heute eher die Großmutter, den Ofen für ein kräftiges Frühstück einheizt, das alle so um 6 Uhr erwarten.

d'Kuchldirn hoazt
in ollafrüa in Oufn.
Gsegn Goud!

Einbrennsuppe

ist als Frühstückssuppe unverändert beliebt. Eine Einbrenn von 3 EL Mehl und 2 EL Fett herstellen. In der Einbrenn läßt man feingehackte Zwiebel und Petersilie anlaufen, mit $^{3}/_{4}$ l Wasser aufgießen, verkochen lassen, pfeffern, salzen, Muskatnuß dazureiben und 1 TL Kümmel hineingeben.

Knofelsuppe

$^{3}/_{4}$ l Wasser, 11 Knoblauchzehen, $^{1}/_{8}$ l Essig, 2-3 EL Mehl, 1-2 EL Schmalz, Salz, Pfeffer

Das Wasser salzen und mit 5-6 Knoblauchzehen aufkochen lassen. Den Essig mit 2-3 EL Mehl verquirlen und langsam ins Knoblauchwasser einlaufen lassen. Die Suppe noch einmal aufkochen. Inzwischen in einem Reinderl 1-2 EL Schmalz heiß werden und noch 4-5 gehackte Knoblauchzehen darin hellgelb anlaufen lassen. Mit einem Schwung in die Suppe gießen, daß es zischt. Zum Schluß noch pfeffern.

Saure Suppe

Teigerl: 2 EL Mehl, 3 EL saure Milch

Man kocht 1 l Salzwasser mit 1 TL Kümmel auf, macht ein Teigerl von Mehl und saurer Milch, läßt es unter Rühren ins kochende Wasser fließen und gut aufkochen.

Krautsuppe

1/2 l kaltes Wasser, eine Handvoll Sauerkraut, 1/2 TL Salz, 1 EL Grammeln, 1 Spritzer Essig
Einbrenn von: 2 EL Schmalz, 2 EL Mehl

Das Sauerkraut in kaltem Wasser und Salz gut weichkochen. Eine lichte Einbrenn machen und mit der Suppe aufgießen. Zum Verbessern kann man 1 EL Grammeln heißmachen und mit einem Spritzer Essig aufzischen lassen; in die Suppe geben.

Steirische Grammelsuppe

4 Zehen Knoblauch, 2 EL Essig, 3/4 l Wasser, 1 TL Salz, 3 EL Grammelfett
Teigerl von: 1/4 l Wasser und 3 dkg Mehl

Wasser, Salz, Essig mit den Knoblauchzehen aufkochen. Wasser mit Mehl versprudeln. Das Teigerl langsam in die kochende Suppe einrühren. Vor dem Anrichten noch das heiße Grammelfett darübergeben, daß es zischt.

Die Pieber-Großmutter gibt gleich die Grammeln dazu und einen großen, in dünne Scheiben geschnittenen Erdapfel.

Beuschelsuppe

1/2 Kalbslunge, 1 l kaltes Wasser, Salz, Thymian, Lorbeerblatt, Pfeffer, 1/8 l saurer Rahm, 2 EL Essig, 1 Zwiebel
Einbrenn von: 3 EL Mehl, 3 EL Schmalz

Die Kalbslunge wird in Wasser, dem Salz, Pfeffer, Thymian und Lorbeerblatt beigegeben wurde, weichgekocht, abgeseiht und feinnudelig geschnitten. Dann macht man eine dunkle Einbrenn, röstet die feingehackte Zwiebel darin an, gibt das Beuschl dazu, vergießt zuerst mit etwas kaltem Wasser, dann mit der abgeseihten kochenden Suppe und läßt gut durchkochen.
Vor dem Anrichten gibt man noch den versprudelten Rahm und den Essig dazu.

Milchsuppe

1/2 l saure Milch, 2 EL Mehl, 1 TL Kümmel gehackt, 1 l Wasser, Prise Salz, 3-4 EL Sauerrahm

Wasser mit dem Salz aufkochen lassen, saure Milch mit dem Mehl gut versprudeln und in das siedende Salzwasser einkochen. Kümmel dazugeben und ca. 1/4 Stunde leicht kochen lassen. Knapp vor dem Essen noch den gut verrührten Sauerrahm hineingeben. Nicht mehr aufkochen lassen.

Gerstenkaffee = des is a liachta

1 l kaltes Wasser wird mit 3 dkg Zusatz (Feigenkaffee) und 4 dkg Kaff feingeriebenem Gerstenkaffee zum Kochen gebracht. Mit kaltem Wasser abschrecken, umrühren, zugedeckt stehen lassen und dann abseihen.

Bröselsterz

1 l Wasser, 1 TL Salz, 20 dkg Heidenmehl, 10 dkg Schmalz, 10 dkg Grammeln

Wasser, Salz aufkochen lassen, das Heidenmehl mit einem Schwung in das siedende Wasser schütten, so daß sich ein großer Knödel bildet, den man ca. 20 Min. kochen läßt. Dann vorsichtig mit dem Kochlöffelstiel ein Loch hineinmachen, langsam umdrehen und noch ca. 15 Min. kochen lassen. Das überflüssige Wasser abgießen.
Mit einer Gabel leicht zerreißen, in eine Rein geben und das heiße Grammelfett darübergießen. Noch kurz im Rohr ausdünsten lassen, dabei immer wieder mit der Gabel fein zerbröseln.

Der Frühstücksterz wird von Ort zu Ort verschieden, oft schon in jeder Familie ein bisserl anders gemacht.

Fruastucksterz

1/2 l Milch, Salz, 20 Gramm Germ und Mehl nach Bedarf

Germ in der lauwarmen Milch auflösen, gehen lassen, soviel Mehl unterrühren, daß man den Teig schlagen kann. In eine mit Schmalz ausgefettete Rein geben, noch einmal gehen lassen, goldgelb backen.

Fruastucksterz auf andere Art

1/2 kg Mehl, 1/8 l Milch, 3 dkg Germ, Salz

Germ in etwas lauwarmer Milch auflösen, das restliche Mehl dazutun, salzen und einen mittelweichen Teig abschlagen. Eventuell noch etwas Milch dazugeben, gehen lassen, in eine gefettete, bemehlte Rein geben, nochmals gehen lassen und im vorgeheizten Rohr bei 220 Grad goldgelb backen.

würds es net glaubn, oba
mir essen wirkli den Kaffee.

Brennsterz

1/4 l Weizenmehl, 1/4 l Wasser, Salz, 3 EL Schmalz

Das Weizenmehl mit siedendem gesalzenem Wasser übergießen. Das Schweineschmalz ganz heiß werden lassen, mit einem Eßlöffel den Mehlbrei ins Fett geben und so lange zerstoßen, bis die Masse feinbröckelig ist.

Polentasterz

1 l Milch, 1 gestr. EL Salz, 40 dkg Polenta (Maisgrieß), 20 dkg Butter (evtl. Öl)

Die gesalzene Milch mit der Butter zum Kochen bringen, den Polenta einkochen und dünsten. Vor dem Anrichten mit der Gabel auflockern.

Dickes Koch

Das Maismehl in Wasser kochen, dicker als Suppe, dünner als Sterz, salzen, in Schüsseln anrichten. Heiße Milch in die Mitte des Koches gießen.

Notizen & weitere Rezepte:

Notizen & weitere Rezepte:

Bei da Jausn

stärkn si di einen bei an Tölla Sulz mit Kernöl, die Weststeira bei an Verhackerten mit Knofel, und andere wieda –

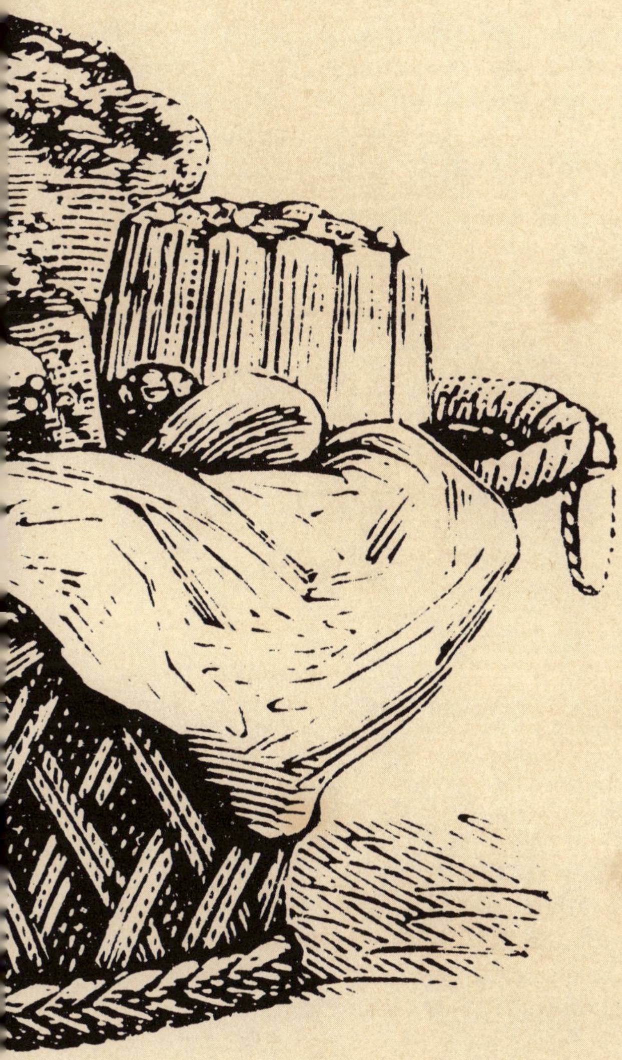

Sulz

3 Schweinshaxerln, einige Speckschwarten, 2 Lorbeerblätter, 8 Pfefferkörner, 1 TL Salz, 3 EL Essig, 5 Knoblauchzehen, 1 Zwiebel, 3 Petersilwurzeln, 4 Möhren, soviel Wasser, daß alles knapp bedeckt ist, evtl. noch Scheiben von: einem hartgekochten Ei, 3 Essiggurkerln

Alle Zutaten mit kaltem Wasser aufstellen und weich kochen. Das Fleisch von den Schweinshaxerln lösen und würfeln. Suppenteller mit Ei-, Gurken- und Möhrenscheiben auslegen, das würfelig geschnittene Fleisch dazugeben und die abgeseihte Suppe darübergießen. Zum Versulzen kühl stellen. Uns schmeckts mit Zwiebeln und Kernöl.

Verhackerts

Grundlage: Luftgeselchter Bauernspeck wird fein faschiert, gesalzen und gepfeffert, fest in einen irdenen Topf gepreßt und mit einem Tuch abgedeckt, um den Luftzutritt zu verhindern; drei Wochen dauert der Reifeprozeß, erst dann ist das Verhackerte servierbereit. Nur noch Knoblauch dazutun. Ein jeder Bauer macht's ein bisserl anders.

Alle Auan gern a Eierspeis in Schmalz braten.

Im Frühjahr freuen wir uns auf die steirische Eierspeis, das

Kräutelei

bei dem alle jungen Kräuteln eingerührt werden.

Hausg'machte Bratwürstl

½ kg fettes Schweinefleisch, ½ kg mageres Schweinefleisch, 5 Knoblauchzehen, 4-5 EL kaltes Wasser, 1 TL Salz, Pfeffer, gut geputzte Schweinsdärme

Fettes Schweinefleisch und mageres Schweinefleisch fein faschieren, zerdrückte Knoblauchzehen, Wasser, Pfeffer, Salz sehr gut miteinander verkneten und in gut geputzte Schweinsdärme füllen. Damit die Bratwürstln beim Braten nicht aufspringen, kann man sie entweder vorher kurz in kochendes Wasser tauchen oder in eine kalte Pfanne einlegen und langsam heiß werden lassen.

Dazua gibt's an Kren und an Senf.

a G'sölchtes, harte Eier, an Kren und a Bauernbrot

½-1 kg Selchfleisch in kochendes, gesalzenes Wasser legen, Wurzelwerk dazu (bei uns sogt ma Einkräuteln) und ca. 1½ Stunden kochen lassen.

Notizen & weitere Rezepte:

Notizen & weitere Rezepte:

fig. 3

Zan Mittagmohl

wissn ma falsche und dicke und echte Suppn, Fleisch- und Zuaspeisn noch und noch, süaße und gsolzene Strudel und Nudeln, und a Salot ghört a dazua –

Echte Suppn

1½ l kaltes Wasser, 1 kg mageres Rindfleisch, ½ kg Rindsknochen, Wurzelwerk (Petersilwurzel, Möhre, Sellerie, Porreestange und Petersilkräutl), ½ Zwiebel, 8 schwarze Pfefferkörner, 2 Lorbeerblätter

Rindfleisch mit Rindsknochen in einen genügend großen Kochtopf mit dickem Boden geben, Wasser dazu gießen, Wurzelwerk sowie die an der Schnittseite angeröstete Zwiebel, die Pfefferkörner und Lorbeerblätter hineingeben. Zudecken, aufkochen und dann die Temperatur etwas zurückstellen. Noch etwa 2 Stunden leise kochen lassen.

Oha, schreit da Holtabua
uma aiffe,
d' Suppnglockn is,
zan Essn läutns!

Rindsuppe

¾ kg Rindfleisch, ¼ kg Rindsknochen, ein Stückerl Leber, etwas Milz, 1½ l kaltes Wasser, Petersilienwurzel und -kräutl, Möhren, Sellerie, Zwiebel, 3-5 Pfefferkörner, Salz, wenn vorhanden ein Zweig Liebstöckl

Rindfleisch und Knochen werden gewaschen und mit dem geputzten, kleingeschnittenen Suppengrün kalt zugestellt. Aufkochen lassen. Die Pfefferkörner dazugeben und nach dem Abschäumen salzen.

Gsölchte Suppn

1½ l kaltes Wasser, ½ kg Selchfleisch, 1 Zwiebel, 1 Porreestange, 2-3 Möhren, 1 Petersilwurzel, 1 Sellerie, 2 Knoblauchzehen, 1 TL Salz, Pfefferkörner

Das Selchfleisch wird mit der Zwiebel, Porreestange, den Möhren, dem Sellerie, der Petersilwurzel, dem Knoblauch, Salz und den Pfefferkörnern in kaltem Wasser aufgestellt und weich gekocht. Dann wird die Suppe abgeseiht und entweder mit Erdäpfelwürfeln oder Rollgerste fertig gekocht.

Steirische Feiertagssuppe

1 l fertige Rindsuppe, 3-4 Hühnerlebern, 1 Zwiebel, 2 Knoblauchzehen, 1 Bund Petersilie, Majoran, Salz, Pfeffer, 1 Ei, 5 Stück altbackene Semmeln, 1/8 l Milch; zum Panieren: Mehl, Ei und Bröseln; zum Ausbacken: Schmalz oder Öl

Die Hühnerleber fein schaben. Die Zwiebel, Knoblauchzehen und Petersilie fein hacken und anrösten. Die Hühnerlebermasse dazugeben und leicht weiterrösten. Mit Majoran, Salz und Pfeffer würzen. Das Ei daruntermischen. Die Masse etwas abkühlen lassen.
Semmeln auseinanderschneiden. Leicht aushöhlen. Die Weißbrotkrumen unter die Lebermasse mischen, dann in die Semmelhälften füllen. Die jeweils 2. Hälfte der Semmel daraufdrücken, leicht in Milch wenden, in Mehl, Ei und Bröseln panieren und im heißen Fett herausbacken. Dann, noch heiß, in nicht zu dicke Scheiben schneiden und in eine Rind- oder Hühnersuppe einlegen.

Klachel- oder Gschnoatlsuppe

1 l Wasser, 1 TL Salz, einige Schweinsschwarten, 2-3 Schweinshaxerln, 2 Lorbeerblätter, Majoran, 2 Knoblauchzehen
Teigerl von: 1 EL Essig, etwas Wasser, 1 EL Mehl

Alle Zutaten so lange kochen, bis sie weich sind. Essig, etwas Wasser und Mehl zu einem Teigerl verrühren. In die Suppe geben und noch ein paar Minuten kochen lassen.

Daham oda am Sunta-Vormittag
im Wirtshaus:
Is s wou da well –
oba mit an bröselten Hoadnsterz!

Suppeneinlagen:

Panadelsuppe

Entweder 1 l kochendes Wasser oder 1 l Rindsuppe, 3-4 altbackene Semmeln, Muskatnuß, 1 Ei, 3 EL saurer Rahm

Die Semmeln feinblättrig schneiden. Kochendes Wasser oder Rindsuppe darübergießen. Ein wenig sieden lassen. Mit Muskatnuß würzen und vor dem Anrichten ein mit Rahm versprudeltes Ei hineinrühren.

Flecksuppe

½ kg Fleck (Kaldaunen), 1 l kaltes Wasser, 1 TL Salz, 1 l Rindsuppe, 3 Lorbeerblätter, Salz, Pfeffer, Paprika, ⅛ l Essig, 1 feingehackte Zwiebel
Einbrenn von: 3 EL Schmalz, 3 EL Mehl

Zuerst die Fleck (Kaldaunen) in Salzwasser weich kochen. Abgießen und auskühlen lassen. Diese dann feinnudelig schneiden, mit Rindsuppe aufgießen, Lorbeerblätter dazutun und aufkochen lassen. Das Ganze mit einer dunklen Zwiebeleinbrenn verdicken und mit Salz, Pfeffer, Paprika und Essig würzen.

Erdäpfelschöberl

Gekochte, passierte Erdäpfel, Mehl, Ei, etwas faschiertes Geselchtes, gehackte Zwiebel und Petersilie in etwas Fett anlaufen lassen, Salz und Pfeffer dazugeben.

Alles gut verkneten. Die Masse soll weich sein. In eine rechteckige, mit Fett bestrichene Pfanne geben, halb backen, etwas Fett darüberstreichen, fertig backen und in kleine Würfel schneiden.

In die Rindsuppe als Einlag gebn!

Semmelschöberl

1 Semmel, 1/8 l Milch, 1 Dotter, 1 EL Butter, Petersilie, Salz, 2-3 EL Bröseln, Schnee von 1 Klar, 1 l fertige Rindsuppe

Die Semmel in Milch aufweichen lassen, fest ausdrücken und mit Dotter, Butter, Petersilie, Salz und Bröseln gut abtreiben. Zuletzt den steifen Schnee von 1 Klar hineingeben. Eine rechteckige Form ausfetten, bemehlen, mit der Masse füllen und backen. In leicht verschobene Vierecke schneiden und in die Rindsuppe einlegen.

Leberreis

1 EL Fett, 1 Ei, 10 dkg feinstfaschierte Leber, 1 Scheibe faschiertes Weißbrot, in 1 EL Fett angeröstete Zwiebelwürfel von 1/2 Zwiebel, Petersilie feingehackt, Zitronenschale gerieben, 1 EL Bröseln, 1/2-1 EL Mehl, Salz, Pfeffer; 1 l fertige Rindsuppe

Fett und Ei schaumig abtreiben, dann die faschierte Leber und das faschierte Weißbrot, die Zwiebelwürfel, Petersilie, Zitronenschalen, Brösel, Salz, Pfeffer und wenig Mehl dazurühren. Ein bisserl stehen lassen, durch die groben Öffnungen des Reibeisens in die Suppe drücken. Kurz kochen lassen.

Lebernockerl oder Leberknödel

1 EL Schmalz, 2 ganze Eier, 40 dkg faschierte Kalbsleber, Pfeffer, Salz, Petersilie, feinstgehackte Zwiebeln, 3-4 EL Bröseln, wenig Mehl; 1 l fertige Rindsuppe

Alles zusammen gut verrühren. Die Masse soll nicht zu weich sein. Man läßt sie ca. 1/2 Stunde anziehen. Dann kleine Nockerln oder Knödel in die siedende Suppe einkochen. Ungefähr 15-20 Minuten mehr ziehen als kochen lassen.

In Schilcha und die Leberknödeln
is a mia feind gwen....

Grießstrudel in die Suppe

1/4 l saurer Rahm, 3 Dotter, 3 EL Grieß, 1 TL Salz, 3 Klar, Strudelteig lt. Rezept (s. Seite 53), 1 l fertige Rindsuppe

Aus Rahm, Dottern, Grieß und Salz einen flaumigen Abtrieb machen. Aus 3 Klar steifen Schnee schlagen, die Masse auf einen Strudelteig streichen, einrollen und in einer rechteckigen Form ca. 1/2 Stunde auf der mit Wasser gefüllten Saftpfanne des Backrohres backen.
In Schnitten teilen und in die Rindsuppe geben.

Faferlsuppe

Gerstelteig: 1 Ei, Milch oder Wasser, Salz und soviel Mehl, daß ein fester Teig entsteht, rasten lassen

Man macht einen festen Gerstelteig, reibt ihn auf einem Reibeisen und kocht das geriebene Gerstl einige Minuten in der klaren Suppe.

Bisquit-Pflanzl

7 dkg Butter, 3 Dotter, 2 EL Milch, 3 Klar, 7 dkg Mehl, 1 l fertige Rindsuppe

Man treibt die Butter mit den Dottern gut ab, gibt Milch, den festen Schnee der 3 Klar dazu und staubt zuletzt das Mehl hinein. Eine große flache Rein schmiert man mit Butter aus, bestreut sie mit Mehl und gibt die Masse hinein. Dann backt man sie im Rohr hellgelb, stürzt und schneidet sie in viereckige Stücke.

Falsche Suppn:

-- denn echte Suppn kocht man nur aus Rindfleisch.

Falsche Reissuppe

Einbrenn von: 2 EL Fett, 2 EL Mehl; 3/4 l kaltes Wasser, 1/4 l Rindsuppe, Salz, 1 Ei, Safran, (für 5 Personen rechnet man 1 EL Reis)

Man macht eine lichte Einbrenn, gießt mit kaltem Wasser und Suppe auf, gibt Reis hinein, salzt und kocht, bis der Reis weich ist. Vor dem Auftragen versprudelt man 1 ganzes Ei und gibt es mit etwas Safran in die Suppe; nicht mehr kochen lassen.

Falsche Suppn

Einbrenn von: 2 EL Fett, 2 EL Mehl; 1 l kochendes Wasser, 1 TL Salz, Petersilie, geriebene Zitronenschale, Wurzelwerk, 1 TL Zitronensaft, 1/8 l saurer Rahm, 1 Eidotter

Man macht eine lichte Einbrenn von ebensoviel Fett wie Mehl, gibt feingewiegtes Petersilienkräutl und Zitronenschale hinein und gießt es mit kochendem Salzwasser auf. Man gibt dann geputztes Wurzelwerk dazu, läßt es aufkochen und seiht dann ab. Man versprudelt Rahm mit 1 Eidotter und gibt ihn in die durchgeseihte Suppe. Mit etwas Zitronensaft säuern. Heiß werden lassen, aber nicht mehr kochen.

Dicke Suppn:

Schwammsuppn

½ kg Schwammerln, 1 l Suppe oder Wasser, ¼ l saurer Rahm

Am besten schmeckt sie mit Herrenpilzen. Feingehackte Zwiebel und Petersilie anlaufen lassen, die Schwammerln dazugeben, etwas dünsten lassen, mit Suppe oder Wasser aufgießen, salzen und pfeffern. Versprudelten Rahm dazugeben und etwas durchkochen lassen.
(Manche machens mit und manche ohne Erdäpfel, die Altenmarkter gebn an rotn Paprika dazua.)

A hoadiger Sterz
und a Schwammsuppn drauf,
des is halt da
steirische Brauch

Rahmsuppe mit Erdäpfeln

1 l kaltes Wasser, ½ kg Erdäpfel, 1 TL Salz, ½ TL Kümmel, ¼ l Sauerrahm, 1-2 TL Mehl

Erdäpfel waschen, schälen und kleinwürfelig schneiden. Wasser mit Salz, Kümmel und den Erdäpfelwürfeln zustellen und weichkochen lassen. Sauerrahm mit Mehl gut versprudeln und langsam in die Suppe einkochen.

Einmach-Suppe

1/2 kg Kalbfleisch (Keule) oder 1/2 Suppenhuhn, 1 TL Salz, 1 EL Schmalz, 1 Zwiebel, 3 Möhren, 1 Petersilwurzel, 1/2 Sellerie, Mehl nach Bedarf, 1 l Hühnersuppe, Muskatnuß oder Safran

Kalb- oder Hühnerfleisch in Stücke schneiden, salzen, mit Fett und feingeschnittener Zwiebel, Möhren, Petersilwurzel und Sellerie zugedeckt halbweich dünsten. Wenn das Fleisch mürb ist, nimmt man es heraus, stäubt soviel Mehl in das Fett, daß es befeuchtet ist, läßt es hellgelb anlaufen, gießt mit Hühnersuppe auf und läßt alles gut verkochen. Durchseihen! Man gibt das Fleisch wieder dazu, würzt noch mit etwas Muskatnuß oder Safran und gibt eine Einlage in die Suppe.
Hinein passen entweder gebähte Semmelschnitten oder Bröselknödeln, in manchen Gegenden der Steiermark gibt man auch kleine Semmelknödeln hinein.

Grüne Erbsensuppe

1/2 l getrocknete Erbsen werden mit einem Büscherl Petersilie und 1 Kopfsalat weichgekocht, durchpassiert, mit 1 l klarer Knochensuppe vermischt, 1/8 l Obers und 1 Stück Butter werden vor dem Anrichten dazugegeben. Die Erbsen sollten über Nacht in Wasser eingeweicht werden.

Gut passen geröstete Semmelschnitten und ausglassene Speckwürfel dazua.

Erdäpfelsuppe

3 große Erdäpfel, 1 Sellerie, 1 l kaltes Wasser, 1 TL Salz, 1/2 TL Kümmel, 3 EL Obers, 1 Dotter, 1 Paar Frankfurter Würstel
Einbrenn von: 1 EL Butter, 2 EL Mehl

Die Erdäpfel werden geschält, in Würfel geschnitten und mit dem würfelig geschnittenen Sellerie sowie Kümmel in Salzwasser weichgekocht. Von Butter und Mehl wird eine lichte Einbrenn gemacht, die man langsam mit der Suppe aufgießt. Nun wird alles durchpassiert und aufgekocht. Man schmeckt ab und kann vor dem Anrichten noch mit 1 Dotter versprudeltes Obers und kleingeschnittene Frankfurter hineingeben.

Bohnensuppe

1 1/2 l kaltes Wasser, 1 TL Salz, 1/4 kg braune Bohnen, 15 dkg Selchspeck, 1 Zwiebel, 1 gehäufter EL Mehl, 2 Knoblauchzehen, Pfeffer, 10 EL saurer Rahm

Die Bohnen am Vorabend in Salzwasser einweichen. Am nächsten Tag darin weichkochen. Würfelig geschnittenen Selchspeck auslassen, darin die feinwürfelig geschnittene Zwiebel hellgelb anrösten, mit Mehl stauben, kurz durchrösten lassen und mit dem Bohnensud (Kochwasser) langsam aufgießen. Jetzt gibt man die Bohnen dazu, gibt durchgepreßte Knoblauchzehen hinein, salzt und pfeffert und rührt zum Schluß gut verrührten Sauerrahm dazu.

Fleischspeisen:

Ih mog eh olls, oba a Schweinernes mog ih a!

Schweinernes, gebraten

1 kg Schweinefleisch (Schlegel, Karree, Schopfbraten), 1 TL Salz, 1 TL Kümmel, 6-8 Knoblauchzehen

Schweinernes mit Salz, Kümmel und viel zerdrücktem Knoblauch einreiben, mit etwas Wasser in die Bratpfanne geben und ins Rohr schieben. Während des Bratens öfter mit heißem Wasser begießen. Der Braten ist fertig, wenn man mit einer Stricknadel in das Fleisch sticht und der austretende Saft glasklar ist. Das Fett abgießen, etwas Wasser in das Reindl gießen und aufkochen lassen. Das gibt einen guten, braunen Saft. Dazu ißt man Sauerkraut und Semmelknödeln.

Steirisches Wurzelfleisch

1 kg Schweinsbraten, Wurzeln von Petersilie und Sellerie, 2 Möhren, Essig, Salz, Pfefferkörner, 1 Zwiebel, 2-3 Knoblauchzehen, 1½ l Wasser

Den Schweinsbraten in kochendes Salzwasser geben, dazu 1 EL Essig gießen, die Pfefferkörner, Zwiebel, den Knoblauch geben und ½ Stunde kochen lassen. Dann die Wurzeln und Möhren dazugeben und so lange weiterkochen, bis alles weich ist. Das Fleisch in Portionen schneiden und etwas von der Suppe und den nudelig geschnittenen Wurzeln darübergeben. Mit den Beilagen in Suppentellern anrichten.
Beilagen: gedünstetes Blaukraut oder Weißkraut, Erdäpfel, Apfelkren oder Semmelkoch.

Gefüllte Kalbsbrust

1 gut vorbereitete Kalbsbrust, 4-5 altbackene Semmeln, 2 Zwiebeln, 1 Bund Petersilie, 1 TL Salz, Pfeffer, Wurzelwerk, nußgroß Butter, 1/2 l Suppe

Man weicht die Semmeln in Wasser ein, drückt sie aus, gibt etwas feingeschnittene Zwiebel und Petersilie, die man in Fett anlaufen ließ, dazu. Salzen, pfeffern und fest in die vom Fleischhauer vorbereitete Kalbsbrust füllen. Mit ein paar Stichen zunähen, in heißem Fett von allen Seiten anbraten und ins vorgeheizte Rohr schieben. Wurzelwerk und Zwiebel dazutun und fertig braten. Von Zeit zu Zeit mit Suppe aufgießen. Die Soße passieren, noch ein kleines Stückerl Butter dazugeben, etwas einkochen lassen und zur aufgeschnittenen Kalbsbrust anrichten.
Grüner oder Gurkensalat und Petersilerdäpfel oder Reis schmecken gut dazu.

... und's nachkochen

Steir. Schöpsernes (Schaffleisch)

für 6 Personen

Bauernbrot dazua

1 1/2 kg Schöpsernes (von der Schulter), 1-2 Möhren, 1 Porreestange, 1 Petersilwurzel samt Grünem und 1/2 Sellerie, 1 Zwiebel, ca. 1 gehäufter EL Schmalz, Pfefferkörner, 2-3 Knoblauchzehen, Salz, Thymian, 1 Lorbeerblatt, ca. 3 EL Essig, Wasser und 1 kg Erdäpfel

Wurzelwerk und Zwiebel feinnudelig schneiden, im Schmalz anrösten, bis es hellgelb ist. Das in Würfel geschnittene Fleisch zugeben, mit Essigwasser bedecken und knapp weich kochen. Die Erdäpfel in Würfel schneiden, dazugeben, salzen, pfeffern und mit 1 TL Thymian fertig kochen.

Majoranfleisch

1 EL Schmalz, 2 Zwiebeln, 70 dkg Rindfleisch (Schulter), 1 EL Mehl, 1 TL Salz, Pfeffer, Majoran, 1/4 l Rindsuppe

Im Fett die feingehackten Zwiebeln goldgelb anlaufen lassen und das in kleine Würfel geschnittene Rindfleisch dazugeben. Etwas dünsten lassen, mit Mehl stäuben, salzen und pfeffern. Majoran nach Geschmack hineingeben. Mit Suppe aufgießen und fertig dünsten lassen, bis es weich ist.
Reis paßt gut dazu.

Beiried – mit Wurzeln gedünstet

4 Beiriedschnitten, eventuell Speck, Wurzelwerk, Pfeffer- und Neugewürzkörner, fein abgeriebene Schale von 1/2 Zitrone, 1/2 l Suppe oder Wasser, Essig, 2 TL Mehl, 1/4 l saurer Rahm

Ausgelöste, gut abgehangene Beiriedschnitten leicht klopfen, salzen, pfeffern, evtl. mit Speck spicken. Das Wurzelwerk (Petersilwurzel, Möhre, Zwiebel, Porreestange, Sellerie) feinnudelig schneiden. Pfeffer- und Neugewürzkörner und feinabgeriebene Zitronenschale hineingeben. Suppe oder Wasser so darübergießen, daß alles knapp bedeckt ist. Ein paar Tropfen Essig dazutun. Die Beiriedschnitten als Abschluß in die Rein geben. Zudecken und im vorgeheizten Rohr fertigdünsten (evtl. öfters begießen, wenn sich der Saft zu sehr einkocht). Das Wurzelwerk passieren. Mehl in Sauerrahm versprudeln und unter den Saft geben. Das passierte Wurzelwerk gibt man auch hinein. Einige Male aufkochen lassen und mit Nudeln anrichten.

Paprikahendl

1 Brathuhn, 1 EL Fett, 1 große Zwiebel, 2 EL Rosenpaprika (mild), ½ l Suppe, 1 TL Mehl, ¼ l saurer Rahm

Das geteilte Hendl salzen. In einen Kochtopf etwas Butter oder Schmalz geben, das Hendl rundherum darin anbraten. Die Zwiebel fein hacken, dazugeben und anlaufen lassen. Paprika darüberstreuen. Mit Suppe aufgießen und dünsten lassen. Den Sauerrahm mit Mehl versprudeln, darunterrühren und noch einmal aufkochen lassen. Dazu gehören Nockerln.

Jungfrau Braut,
loß dir a Lehre gebn,
versalz das Kraut –
oba nit dem Mann das Lebn.

Gebratene Stelze mit warmem Krautsalat und Erdäpfelknödeln

(hintere Schweinsstelze)

1 Schweinsstelze, 7 Knoblauchzehen, 1 TL Salz, Pfeffer, 1 TL Kümmel, 1 Zwiebel, Wasser

Die Stelze gut putzen, kurz in kochendes Wasser legen und einen scharfen Schnitt durch die Schwarte bis zum Knochen machen; mit zerdrückten Knoblauchzehen, Salz, Pfeffer und Kümmel gut einreiben. Mit der Schwarte nach unten in eine Gußeisenpfanne legen. ⅓ der Pfanne mit Wasser (kalt) füllen. Die halbierte, an der Schnittseite angeröstete Zwiebel dazugeben, zudecken und bei Mittelhitze im Backrohr ca. 1½-2 Stunden weich braten. Nach 1½ Stunden mit einer Stricknadel die Nadelprobe machen: wenn der heraustretende Fleischsaft noch blutig ist, noch ½ Stunde *ohne* Deckel braten.

¼ Stunde vor Ende der Bratzeit die Stelze mit Salzwasser bepinseln.

Innereien:

Gedünstete Leber

½ kg Schweinsleber, 1 Zwiebel, etwas Mehl, Salz, Pfeffer, 1 TL Essig, ¼ l Suppe oder Wasser

In Fett läßt man die feingehackte Zwiebel anlaufen, gibt die feingeschnittene Leber hinein und dünstet sie darin. Einen Gedanken stauben. Aufgießen, salzen, pfeffern und mit ein paar Tropfen Essig abschmecken.

Panierte Briesrose

1 große Briesrose, soviel Wasser, daß sie knapp bedeckt ist, 1 TL Salz; zum Panieren: Mehl, Ei und Bröseln; Fett zum Ausbacken

Die Briesrose waschen. In Salzwasser ca. 10 Minuten kochen und abkühlen lassen. Häuten, in Scheiben schneiden, in Mehl, Ei und Bröseln drehen und goldgelb in heißem Fett ausbacken.

Geröstetes Hirn

1 Kalbshirn, 1 Zwiebel, Petersilie, Pfeffer, Salz, 1 Ei

Ins heiße Fett gibt man die feingehackte Zwiebel und das Petersilienkraut. Man läßt es etwas anlaufen, legt das gewaschene, gehäutete, feingehackte Hirn dazu, pfeffert es, salzt und rührt 1 verklopftes Ei hinein. Etwas stocken lassen.

Saure Nierndln

2 Schweinsnieren, 1 Zwiebel, Salz, Pfeffer, 1 EL Mehl, ⅛ l Suppe, 1 EL Essig, 1 Lorbeerblatt

Im Fett etwas gehackte Zwiebel anrösten, die in feine Scheiben geschnittenen Nierndln dazutun und dünsten lassen. Mit 1 EL Mehl stauben. Etwas Suppe aufgießen, salzen und pfeffern. Etwas Essig und 1 Lorbeerblatt nach Geschmack dazugeben.
Reis paßt gut dazu.

Das Wild kann bis zu 14 Tagen in der Beize liegen, die Beize muß aber das Wild ganz bedecken!

Wild:

Hasenbeize

Diese Menge reicht für einen Hasenrücken. 1½ l Wasser, 3 Zwiebeln, 1 EL Thymian, 3 Lorbeerblätter, 1 EL Majoran, 2 Knoblauchzehen, 6 Wacholderbeeren, Suppenkräuter und Wurzeln, ¼ l Essig

Im Wasser kocht man vielblättrig geschnittene Zwiebeln, Thymian, Lorbeerblätter, Majoran, wenig Knoblauch, Wacholderbeeren, alle Suppenkräuter und Wurzeln, deren man habhaft werden kann, gibt Essig dazu, läßt nochmals aufkochen und dann abkühlen. Kalt über den Hasen geben, aber *nicht* salzen.

Rotweinbeize

1 l kaltes Wasser, ¼ l Rotwein, ½ l Essig, 5 Wacholderbeeren, 1 Lorbeerblatt, 3 Gewürznelken, 1 Sträußchen Thymian, 1 EL Majoran, 1 Zweig Liebstöckl, 1 kleiner Sellerie, 2 Petersilwurzeln, 2 Möhren, 1 Zwiebel

Man gibt in einen Topf Zwiebel, Möhren, Petersilwurzeln, Sellerie (alles blättrig geschnitten), Thymian, Majoran, auch andere Beizkräutln, Gewürznelken, Lorbeerblatt, zerdrückte Wacholderbeeren, Rotwein, Essig und Wasser. Einige Zeit kochen lassen und abgekühlt für Wild, aber auch für Lungen- oder Rindsbraten verwenden.

Buttermilchbeize

Um das Wild zart und mürbe zu machen und den für manche Menschen zu intensiven Wildgeschmack etwas zu reduzieren, kann man Wild auch einige Tage in Buttermilch legen, der man nur einige Wacholderbeeren beifügt.

Hasenrücken und Schlegel, gebraten

1 Hasenrücken oder Schlegel, 20 dkg Selchspeck, Salz, Pfeffer, 1 Zwiebel, 1 Knoblauchzehe, 2 Petersilwurzeln, 2 Möhren, 1 Sellerie, 1 Zitrone, 1 EL Schmalz, Senf, Rotwein, saurer Rahm

Den enthäuteten Hasenrücken (oder Schlegel) mit sehr fein geschnittenem Selchspeck dicht umwickeln, salzen und pfeffern. Zwiebel, Knoblauch, Petersilwurzeln, Möhren, Sellerie und Zitronenscheiben um das Wild legen, in einer Pfanne mit etwas Fett und wenig Wasser im Rohr bei 220 Grad weich braten. Den Saft durchpassieren. Senf, Rotwein und Sauerrahm nach Geschmack dazugeben. Einmal aufkochen lassen. Rotkraut und Semmelknödel als Beilage dazu reichen.

Rotkraut und Semmelknödeln essen wir zum Wild gern.

Rehschlegel mit Rahm

1 Rehschlegel, 1 EL Schmalz, 40 dkg Selchspeck, Wurzelwerk (1 Porreestange, 1 Sellerie, 2 Möhren, 2 Petersilwurzeln), 2 Zwiebeln, 6 Wacholderbeeren, 1/4 l saurer Rahm, 1/8 l Rotwein

In eine große Rein gibt man etwas Fett, dann den gebeizten, enthäuteten Rehschlegel, den man dicht mit Speckscheiben belegt. Rundherum legt man kleingeschnittenes Wurzelwerk, Zwiebeln und Wacholderbeeren. Man schiebt die Rein ins vorgeheizte Rohr und begießt den Schlegel während des Bratens bei 220 Grad öfters mit der Beize. Nach ungefähr 1 Stunde Bratzeit gießt man Sauerrahm und guten Rotwein über den Schlegel und brät ihn noch 1/2 Stunde. Dann das Fleisch warm stellen, die Sauce passieren und mit Preiselbeeren, Rotkraut und Erdäpfelknödeln anrichten. Man kann das Wurzelgemüse aber auch unpassiert getrennt zum Wild reichen.

Falsches Fleisch:

Frittatibraten

Palatschinkenteig: 1 l Milch, 1/2 l Mehl, 2 Eier, Salz (Gut verquirlen, Palatschinken in heißem Fett ausbacken); Fülle: 30 dkg mageres Geselchtes, 2 EL Butter, 2 Eier, Salz, Pfeffer

Man backt Palatschinken, so dünn wie möglich, und schneidet, außer 3-4 Stück, alle feinnudelig auf. Man faschiert mageres Geselchtes, macht einen Abtrieb von Fett, Eiern, Salz und Pfeffer, gibt das faschierte Geselchte und die geschnittenen Frittati (Palatschinken) dazu, nimmt ein sauberes großes Geschirrtuch, feuchtet es gut an und bestreicht es mit Fett. Zuerst legt man die ganzen Frittaten darauf, füllt die Masse länglich darüber und rollt alles zusammen. Das Tuch an beiden Enden fest mit Spagat zubinden, über 2 Kochlöffelstiele in einen Topf mit kochendem Wasser hängen und ca. 1/2 Stunde leicht kochen lassen. Kurz abdampfen lassen, den Spagat aufschneiden und den Frittatibraten in schräge Schnitten schneiden; Salat dazu reichen.

Zuaspeisn: - die wir manchmal als Hauptspeis essn.

Greste Erdäpfel

1 kg Erdäpfel, 1 l Wasser, 1 TL Salz, 2 Zwiebeln, 2 EL Schmalz

1 kg ungeschälte Erdäpfel werden mit Wasser und 1 TL Salz weich gekocht. Etwas abgekühlt werden sie geschält und blättrig geschnitten. In einer gußeisernen Rein wird Schmalz heiß gemacht, blättrig geschnittene Zwiebeln hell angeröstet, die Erdäpfel dazugegeben und einige Zeit immer wieder mit der Schmarrnschaufel umgedreht. Wenn die Masse krustig wird, kann angerichtet werden.

Erdäpfelknödel

1 kg mehlige Erdäpfel, 5 dkg Mehl, griffig, 5 dkg Weizengrieß, 1 TL Salz, 2 Eier

Die Erdäpfel mit der Schale in Salzwasser kochen, noch heiß schälen und durch eine Erdäpfelpresse drücken. Mit den übrigen Zutaten gut vermischen und mit nassen Händen Knödel formen, die Knödel vor dem Kochen noch in Mehl rollen und in Salzwasser mehr ziehen als kochen lassen. Wenn sie an die Oberfläche steigen, sind sie fertig.

Iß Knödel, Bua,
sist wirst nit
groß und stark.

Am Vogerlsalat essn wir gern dazua.

Semmelknödel mit Semmelbröseln abgeschmalzt

5 altbackene Semmeln, Petersilie, 1/4 l Milch, 1 gehäufter TL Fett, 2 Eier, Salz, eine Handvoll Bröseln

3 würfelig geschnittene Semmeln rösten, ein bißchen gehackte Petersilie dazugeben. 2 ganze Semmeln in Milch einweichen und ausdrücken. Zu den gerösteten Semmelwürfeln geben. Fett, Eier, Bröseln und Salz daruntermischen. Die Masse etwas anziehen lassen. Mit nassen Händen Knödel formen und in leicht siedendem Salzwasser ca. 10 Minuten kochen lassen. In einer feuerfesten Schüssel ca. 2-3 EL Butter zergehen lassen. Soviel Bröseln unterrühren, daß eine lockere Masse entsteht. Die gut abgetropften Knödel darin wenden.

Zsammglegte Knödel

Strudelteig lt. Rezept (s. Seite 53), 4 altbackene Semmeln, 1 Ei, Salz, Petersilie, 1 EL Schmalz

Den Strudelteig etwas härter machen und eine halbe Stunde rasten lassen. Die Semmeln kleinwürfelig schneiden. Mit Ei, Salz und Petersilie vermengen und in Fett abrösten. Den Strudelteig auswalken, in Stücke schneiden, mit der Semmelfülle belegen und zusammenfalten. Gut andrücken. Die Knödel in Salzwasser kochen lassen.

Semmelknödel mit Selchfleisch

3 altbackene Semmeln, 20 dkg Selchfleisch, 7 dkg Fett, 2 Eier, 1/8 l Milch, 3 EL Mehl, 1 TL Salz

Die Semmeln werden würfelig geschnitten und mit feingehacktem Selchfleisch vermischt. Das Fett läßt man heiß werden und schüttet es über die Semmelmasse. Man zersprudelt Eier und Milch und gießt das auch darüber. Man gibt Mehl und Salz dazu, vermischt gut, läßt etwas ziehen, formt dann kleine Knödel daraus und läßt sie ungefähr 15-20 Minuten in Salzwasser kochen.

Semmelkoch

2 Semmeln, 1/8 l Rindsuppe, 2-3 EL Kren (nach Geschmack), Muskatnuß, Salz, 3 EL saurer Rahm, 1 Eidotter

Die Semmeln werden feinblättrig geschnitten und mit siedender Suppe aufgegossen. Dann gibt man frischgeriebenen Kren, Muskatnuß und Salz dazu und läßt alles kurz aufkochen. Man versprudelt Sauerrahm mit Eidotter und mischt es darunter.

Da oane oder andere gibt a an Knofel dazua.

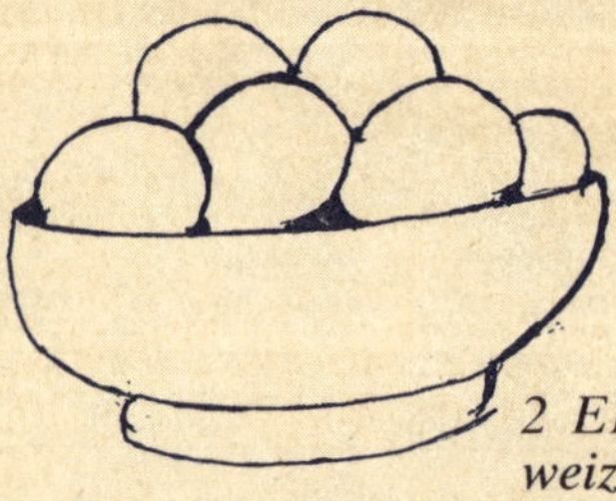

Hoadnknödeln

2 EL Grammelfett, Salz, 1/4 kg Heidenmehl (Buchweizenmehl), heiße Rind- oder Würfelsuppe

Das Grammelfett heiß werden lassen und salzen. Das Heidenmehl daruntergeben. Mit einer heißen Suppe ganz festbreiig abrühren (ungefähr 1/4 Stunde rasten lassen). Mit feuchten Händen Knödel formen. Diese in Salzwasser kochen.

Erdäpfel-Schnitzeln

1/2 kg gekochte Erdäpfel, 2 Eier, Salz, Mehl nach Bedarf, 10 dkg Geselchtes, Petersilie, 1 Zwiebel

Gekochte, geriebene Erdäpfel, Mehl, Eier, Salz, faschiertes Geselchtes und in Fett angelaufene gehackte Zwiebel und Petersilie knetet man gut. Der Teig sollte so wie zu Erdäpfelknödeln sein. Längliche Schnitzel formen und in heißem Fett herausbacken.

Apfelkren

½ kg Äpfel, 1 EL Zucker, 2 EL Kren, 1 Spritzer Essig

Die gebratenen Äpfel passieren, mit Zucker, geriebenem Kren und Essig nach Geschmack vermengen. Bis zum Gebrauch kühl stellen.
Kräftiger wird der Apfelkren, wenn man ½ gebratene und ½ rohe, geriebene Äpfel nimmt, dazu gehören auch einige Tropfen Zitronensaft.

wias unsere Pepi macht

Kürbisruabn

½ Kürbis, 1 TL Kümmel, 1 EL Schmalz, 3 Spritzer Essig, 1 EL Paprika, 3 EL Mehl, ¼ l Sauerrahm

Den Kürbis schälen. Die Kerne auskratzen und fein schaben (hobeln). Einsalzen, Kümmel dazugeben, etwas stehen lassen und dann gut ausdrücken. Das Schmalz heiß werden lassen, den Kürbis dazugeben, nach Geschmack Essig und Paprika darunterrühren und kurz weich dünsten lassen. Das Mehl mit Sauerrahm gut versprudeln und zum weich gedünsteten Kürbisgemüse geben.

Steirisches Weißkraut

1 kleiner Krautkopf, 1 EL Zucker, 2 EL Butter, ⅛ l Suppe, ½ TL Kümmel, 2 TL Essig, 3 TL Mehl, ⅛ l Weißwein

Man läßt Zucker und Butter schön dunkelgelb anlaufen, gibt dann das feinnudelig geschnittene Weißkraut hinein, würzt mit etwas Suppe, Kümmel und Essig und läßt es zugedeckt dünsten. Wenn es weich ist, staubt man mit Mehl und gießt noch Weißwein dazu.

Kraut ißt da Mensch
allaweil gern.
Scho gor,
wann a Speck dabei is.

Stücklkohl

1 Kohlkopf, Salz
Einbrenn von: 2 EL Fett, 1 EL Mehl, 1 TL Zucker, 1/4 l Suppe, 1 Spritzer Essig, 1/8 l Rotwein, Muskatnuß, Gewürznelken

Der Kohl wird geviertelt, gewaschen und in Salzwasser weich gekocht. Unterdessen macht man aus Fett, Mehl und Zucker eine nicht zu helle Einbrenn, gießt mit Suppe auf, gibt Essig, Rotwein, Muskatnuß und Gewürznelken nach Geschmack hinein und passiert es über den abgeseihten Kohl.

Abgeschmalzenes Sauerkraut

3/4 kg Sauerkraut, 1 gehäufter EL Schmalz, 1 TL Zucker, 1 EL Mehl, 1/8 l Rindsuppe

Man gibt in eine Rein Schmalz, läßt wenig Zucker darin anlaufen, gibt das ausgewaschene Sauerkraut dazu, gießt etwas Suppe hinein und läßt es weich dünsten. Dann staubt man es mit Mehl und dünstet fertig.

Schwammerlreis

30 dkg Eierschwammerln, 2 Schalen Reis, 3 1/2 Schalen Wasser, 1 TL Salz, 1 Zwiebel, Petersilie

In Fett läßt man feingehackte Zwiebel und Petersilie anlaufen, gibt den Reis (2 Schalen Reis, 3 1/2 Schalen Wasser) dazu, dann geschnittene Schwammerln, salzt und läßt zugedeckt bei kleinerem Feuer fertig dünsten.

aus dem Enns- und Sölktal

Steirerkrapfen

Aus 1/2 kg Roggenmehl, Milch und etwas Salz einen festen Teig machen. In ca. 8-10 Portionen teilen und rund auswalken (ca. 1/2 cm dick).
In einer gußeisernen Rein das Fett stark erhitzen, bis es raucht (die Rein muß halbvoll mit Fett sein). Dann die Krapfen hineingeben, untertauchen und mit der Gabel sofort umdrehen. Die gebackenen Krapfen in ein Reindl geben und mit einem kleineren Deckel beschweren. Die Krapfen dürfen nicht knusprig werden, sondern müssen zäh sein.
Sie werden mit Steirerkäse bestreut und zusammengerollt angerichtet.

Steirerkäs gibts halt nur in der Obersteier.

Steirerkäsnockerln

Nockerlteig: 40 dkg Mehl, Salz, Wasser, 1/8 kg Butter, 1 Zwiebel

Zum Mehl nach und nach so viel gesalzenes Wasser rühren, daß ein ziemlich weicher Teig entsteht.
Die Nockerln in heißem Salzwasser kochen. Dann werden sie in heißem Wasser geschwemmt. In einer Eisenpfanne Butter erhitzen und die feingehackte Zwiebel anrösten. Die Nockerln werden mit Steirerkäs vermischt und in der Pfanne abgeröstet.
Angerichtet werden die Käsnockerln in der Eisenpfanne und mit frischem Schnittlauch überstreut. Dazu ißt man Sauerkraut (gedünstet) oder Erdäpfel.

Da Flori macht sie so:

Kalte Schnittlauchsoß

2 hartgekochte Eier, 2 EL Schnittlauch, Salz, Zucker und Essig, 2 EL Kernöl, evtl. 2-3 EL saurer Rahm

Die Dotter passieren, das Eiweiß würfeln. Schnittlauch, Salz, Zucker, Essig und Kernöl daruntergeben, gut vermengen.
Man kann auch noch 2-3 EL Rahm dazugeben.

Erdäpfelsoß

Einbrenn von: 2 EL Fett, 2 EL Mehl
1 Zwiebel, 1/2 kg Erdäpfel, 1/4 l Suppe, Salz, Pfeffer, Paprika, Majoran, 1 Lorbeerblatt, 1 Spritzer Essig, 3 EL Sauerrahm

Man macht eine dunkle Einbrenn, gibt die feingehackte Zwiebel hinein, läßt anlaufen, gibt die in Würfel geschnittenen Erdäpfel hinein und gießt mit Suppe auf. Salz, Pfeffer, Paprika, Majoran und Lorbeerblatt nach Geschmack dazugeben. Die Erdäpfel weich kochen. Mit Essig und Sauerrahm abschmecken.

Gurkensoß

1 große oder 2 kleine Gurken, 1 TL Salz, 1 Zwiebel, Petersilie, 2 Knoblauchzehen, Pfeffer, Paprika, Rindsuppe, 1 Spritzer Essig, 4 EL saurer Rahm
Einbrenn von: 2 EL Fett, 2 EL Mehl

Die Gurken schälen und fein hobeln, etwas salzen. Inzwischen eine lichte Einbrenn machen. Die feingehackte Zwiebel und die Petersilie darin anlaufen lassen. Die gut ausgedrückten Gurken dazugeben, Knoblauch (zerdrückt), Pfeffer, Salz und Paprika daruntermischen. Etwas Suppe angießen, versprudelten Rahm und einen kleinen Schuß Essig dazutun.

Gurka san bei uns Murkn,
und Tomaten imma no Paradeis!
Ih sok euchs!

Paradeissoß

1 1/2 kg Paradeis, 1/8 l Rindsuppe, 1/2 Zwiebel, 1 Lorbeerblatt, Schale von 1/2 geriebenen Zitrone, Salz und Zucker nach Geschmack, 1/4 l saurer Rahm, 2 TL Mehl

Die feingehackte Zwiebel in Fett anrösten. Die enthäutete, geviertelte Paradeis andünsten und mit Suppe aufgießen. Das Lorbeerblatt, die Zitronenschale, Salz und Zucker dazugeben; langsam bei kleinem Feuer kochen lassen. Durchpassieren und sauren Rahm, der mit Mehl versprudelt ist, daruntergeben.
Dazu entweder Semmelknödel oder Paprika mit Semmelfülle servieren.

Strudeln:

Bei die Strudln gibts viel Fülln.

Strudelteig

1/2 kg Mehl, glatt, 2 große oder 3 kleine Eier, 8-12 EL lauwarmes Wasser, 1 EL Öl, Salz

Den Strudelteig rasch zusammenkneten, dann noch so lange fest kneten, bis eine seidige Kugel entsteht. Rundum mit Öl bestreichen und in 2 angewärmte, bemehlte Suppenteller zum Rasten legen. Ungefähr 1/2 Stunde rasten lassen. Dann auf einem bemehlten Brett etwas auswalken und mit den Händen so dünn wie möglich ausziehen.
Dieser Teig ist die Basis für nachfolgende Rezepte.

Erdäpfelstrudel
Fülle I

1 kg Erdäpfel, 1 l kaltes Wasser, 2 EL Schmalz, 2 Zwiebeln, Salz, Pfeffer, ½ l saurer Rahm, 10 dkg flüssiges Fett zum Bestreichen

Die Erdäpfel schälen und ins kalte Wasser reiben, damit sie nicht schwarz werden. In Schmalz blättrig geschnittene Zwiebeln anrösten. Die gut ausgedrückten Erdäpfel dazugeben. Salzen und pfeffern. Den Sauerrahm gut darunterrühren und etwas auskühlen lassen. Den ausgezogenen Teig mit flüssigem Fett bestreichen. Die Fülle daraufgeben, zusammenrollen und in eine gut mit Fett ausgestrichene Strudelrein schneckenförmig hineinlegen. Nochmals Fett darüberträufeln. Bei 200 Grad backen, bis der Strudel eine hellbraune Kruste bekommt.

Fülle II

20 dkg kurz gekochte Erdäpfel, 6 dkg Zucker, 3 Eier, 10 dkg flüssige Butter zum Bestreichen

Man rührt den Zucker in einer Schüssel auf dem Herd, bis er warm wird. Dann gibt man die Dotter zu, mischt nur kurz gesottene, geriebene Erdäpfel und den Schnee von 3 Klar dazu und streicht alles auf den ausgezogenen Strudelteig. Zusammengerollt und schneckenförmig gedreht, legt man ihn in eine gut ausgefettete Rein, bestreicht ihn mit Butter und streut Zucker darüber.

Ruabnstrudel

1 kg weiße Rüben, 1 TL Salz;
2 EL Schmalz, 1 Zwiebel, ½ TL Salz, Pfeffer, 4 EL saurer Rahm

Die weißen Rüben schälen, fein hobeln, einsalzen, rasten lassen. In reichlich Fett die geschnittene Zwiebel anrösten, die gut ausgedrückten Rüben dazugeben, salzen und gut pfeffern. Den Rahm dazurühren, abkühlen lassen.
Weiter wie Erdäpfelstrudel I behandeln.

dafür laßt der Fredi alles stehn --

Krautstrudel

1 kleiner Krautkopf, 1½ TL Salz, 1 TL Kümmel;
2 EL Schmalz, 2 kleine Zwiebeln, ½ TL Salz, Pfeffer, 1 Spritzer Essig, etwas Wasser;
10 dkg flüssiges Fett zum Bestreichen

Den Krautkopf fein nudelig schneiden. Mit Salz und Kümmel gut vermischen und 1 Stunde stehen lassen. In reichlich Schmalz nudelig geschnittene Zwiebeln anrösten. Das gut ausgedrückte Kraut, Salz, Pfeffer und Essig dazugeben. Auch ein wenig Wasser, nur soviel, daß es nicht anbrennt, und weichdünsten. Auskühlen lassen. Auf den ausgezogenen, mit Fett bestrichenen Strudelteig geben und zusammenrollen. Die Oberfläche wieder mit Fett beträufeln und in der Rein oder auf dem Backblech backen.

Topfenstrudel
Fülle I

¼ kg passierter Topfen, ¼ kg Butter, 2 Eidotter, 15 dkg Zucker, Zitronensaft, Prise Salz, 2 Klar Schnee

Bis auf die Klar Schnee alles gut miteinander verrühren. Diesen steif schlagen und vorsichtig unterziehen. Auf den ausgezogenen Strudelteig flüssige Butter streichen. 2-3 EL Bröseln streuen, die Fülle daraufgeben, zusammenrollen, mit Milch oder Fett bestreichen und backen.

Fülle II

¼ kg Butter, 15 dkg Staubzucker, 3 Eier, 4 EL saurer Rahm, eine Handvoll Rosinen, Rum, ¼ kg bröckeliger Topfen

Butter, Staubzucker und Eidotter flaumig abtreiben, dann den Rahm ganz langsam einrühren und den Schnee von 3 Klar. Den Strudelteig ausziehen, die Fülle darauf streichen, eine Handvoll gewaschene, in Rum eingeweichte Rosinen darüberstreuen und den bröckeligen Topfen darauf bröseln. Zusammenrollen, backen.

Auf die gleiche Art macht man auch Schwarzbeer-, Kirschen-, Weichsel-, Apfel- und Rhabarberstrudel.

Zwetschkenstrudel

1/8 kg Butter, Zucker, 2 Eier, 2 TL Zitronensaft, 1 kg entkernte Zwetschken, 1 TL Zimt, evtl. noch gehackte Nüsse oder Semmelbrösel

Man macht einen Abtrieb von Butter, Zucker nach Geschmack und den Dottern, gibt noch etwas Zitronensaft und Schnee von 2 Klar dazu. Man streicht diese Masse auf den ausgezogenen Strudelteig, streut Zwetschken darüber und würzt mit Zimt. Man kann auch noch gehackte Nüsse oder Semmelbröseln darübergeben und macht den Strudel wie vorher beschrieben fertig.
Variante: Man bestreicht den ausgezogenen Strudelteig mit Fett, gibt entkernte Zwetschken dicht darauf (Fülle immer nur auf 2/3 des Teiges), streut Zucker und Zimt darüber und bröselt zum Schluß noch 1/4 kg bröckeligen Topfen darüber. Fertigmachen wie bei Topfenstrudel.

Rahmstrudel

1/8 kg Butter, Staubzucker nach Geschmack, 3 Eier, 1/4 l saurer Rahm, 10 dkg Rosinen

Butter, Staubzucker und Dotter flaumig abtreiben, dann kommen Sauerrahm und der Schnee von 3 Klar dazu. Die Fülle auf den ausgezogenen Strudelteig geben, einen kleinen Teil zurückbehalten. Einige Rosinen darüberstreuen, den Teig zusammenwerfen – *nicht rollen* – und in die mit Fett bestrichene Gußeisenrein geben. Den Rest der Fülle noch in die Mitte häufeln. Goldgelb backen.

Semmelstrudel

3 altbackene Semmeln, Milch, 10 dkg Butter, 2 Eier, 1/8 l saurer Rahm, Zucker nach Geschmack, Salz. Rosinen, Zwetschken oder Kirschen

Man weicht Semmeln in Milch oder Wasser ein, macht einen Abtrieb von Butter oder Schmalz. Man gibt Dotter, Rahm, die ausgedrückten, passierten Semmeln, Zucker nach Geschmack, etwas Salz und den steifen Schnee der 2 Klar dazu. Man füllt es in den mürben Strudelteig und streut noch entweder Rosinen, Zwetschken oder Kirschen dazu.

Struglnudel mit Kompott

1 kg Mehl, 2 Eier, Salz, Milch (soviel, daß ein festerer Teig entsteht)

Für den Nudelteig Mehl, Milch und Eier salzen und einen Teig kneten. Diesen dann 10 Minuten rasten lassen, auswalken und ausziehen, bis der Teig zwei bis drei Millimeter dick ist. Dann mit Fett bestreichen und zusammenrollen. In 10 cm lange Stücke schneiden und in kochendes Wasser geben. Eine halbe Stunde kochen lassen. Aus dem Wasser nehmen und in ½ cm breite Streifen schneiden. Diese in Fett anrösten, evtl. zuckern und mit Kompott anrichten.

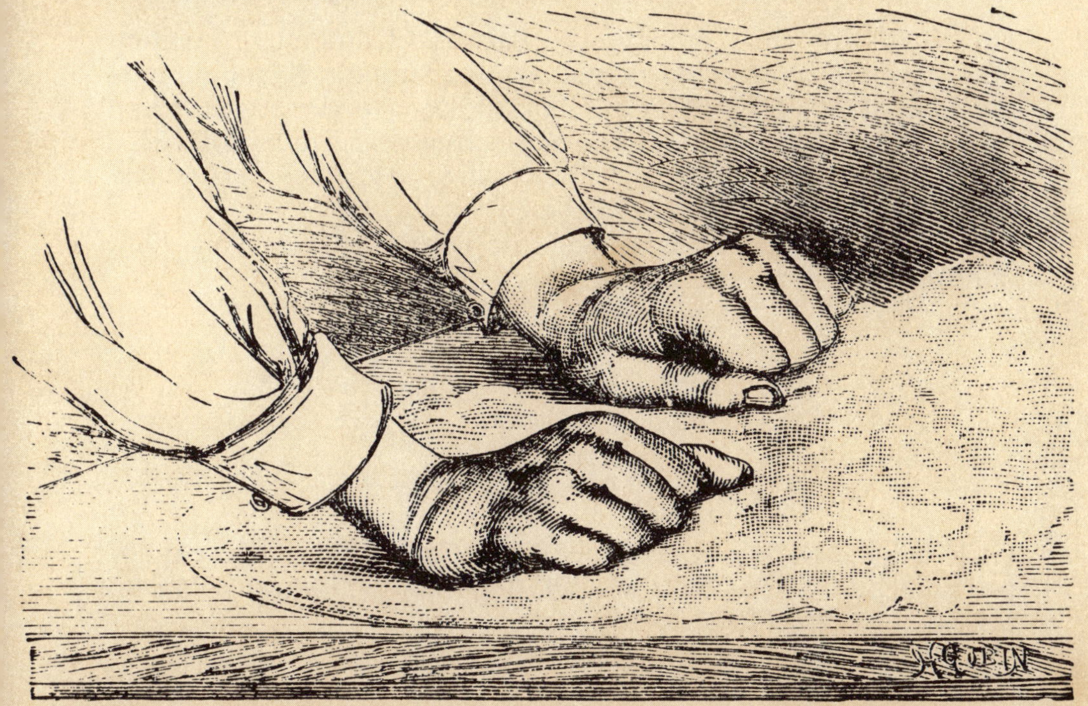

Salate:

Für ins Steira is da Salot nua mit an Kürbiskernöl wirkli a Salot!

Krautsalat

1 kleiner Kopf Weißkraut, 1½ l kochendes Wasser, 2 EL Essig, ¼ l Wasser, 1 kleiner EL Schmalz, ½ TL Kümmel, 2 Würfel Zucker, 1 TL Salz

Das Kraut feinnudelig schneiden. Mit siedendem Wasser 2-3mal übergießen, immer wieder gut abseihen und sehr fest ausdrücken. Dann in einem Häferl Essigwasser, Schmalz, Salz, Kümmel und Zucker scharf aufsieden lassen und über das fest ausgedrückte Kraut geben.

Warmer Krautsalat

1 kleiner Kopf Weißkraut, 1 TL Salz, 1 TL Kümmel, 2 EL Essig, ¼ l Wasser, eine Handvoll Speckwürfel

Das Weißkraut feinst hobeln, mit Salz und Kümmel vermischen und ungefähr 20 Minuten ziehen lassen. Dann das Kraut gut ausdrücken. Siedendes Wasser darüberschütten, wieder etwas ziehen lassen, ausdrücken und das Ganze noch einmal wiederholen. Inzwischen gut abgeschmecktes Essigwasser sehr heiß werden lassen und über das Weißkraut geben.
Eine Handvoll Speckwürfel ausbraten und vor dem Anrichten über den Krautsalat verteilen.

Specksalat

1 Häuptelsalat, 15 dkg Speckwürfel, 2 EL Essig, ¼ l Wasser, Salz, Pfeffer

Grünen Salat putzen und waschen. Speckwürfel mit dem gut abgeschmeckten Essig, Salz und Pfeffer sehr heiß werden lassen, über den Salat schütten.

Bohnschotensalat

½ kg Bohnschoten, 1 l kaltes Wasser, Salz;
Marinade: 1-2 EL Kernöl, 7-8 EL abgeschmeckter Essig, 2 Knoblauchzehen zerdrückt, 1 schwacher TL Salz, Pfeffer, 1 kleine feingehackte Zwiebel

Zuerst die Bohnschoten (grüne Bohnen) in Salzwasser weich kochen und abkühlen lassen. Die Marinade gut verrühren. Die Bohnschoten daruntergeben, etwas ziehen lassen und allenfalls mit feingeschnittenem Schnittlauch und Bohnenkraut bestreuen.

Gurkensalat

Beim Salatabmachen sollen die Erdäpfel noch warm sein, dann schmeckt er viel besser.

... den essen wir mit Kernöl und Erdäpfel, ein andermal mit saurem Rahm und Paprika.

Notizen & weitere Rezepte:

Notizen & weitere Rezepte:

fig. 4 Bei da Brettljausn

am Nachmittag gibts dann erst a Mostbrot; sonst kents vom Gsölchten mit Kren bis zur Knofelwurscht olles nochlesen –

Bei da Brettljausn gibts im Summa,
waun worm is, erst am Nochmittog a

Mostbrot

Einige Tage altes Bauernbrot wird in eine Schüssel gelegt, gut mit Zucker bestreut und mit Most begossen – der Most muß darüberstehen. Etwas ziehen lassen.

A wenk wül, a wenk,
ofa nit zviel davon essn,
sunst leidt die Orbeit drunter

Saurer Kalbskopf

1 Kalbskopf, Wasser, Salz, 2 EL Essig, Wurzelwerk (Porreestange, Möhre, Petersilwurzel, Sellerie), 1 Zwiebel, 4 hartgekochte Eier, 4 Essiggurkerln, 1 kleine Zwiebel, 3 Knoblauchzehen, 2 EL Essig, ¼ l Wasser, 3 EL Kernöl, Salz, Pfeffer

Den Kalbskopf in Salzwasser mit Wurzelwerk, Zwiebel und Essig kochen, bis er weich ist; etwas abkühlen lassen. Eier hart kochen und klein hacken, Essiggurkerln kleinwürfelig schneiden, den Kalbskopf noch lauwarm in dünne Scheiben schneiden, mit den Eiern, Gurkerln, Essig, Kernöl, Salz, Pfeffer und Zwiebelwürfeln und zerdrückten Knoblauchzehen abmachen. Schnittlauch darüber.

Leberpastete

½ kg Kalbs- oder Schweinsleber, 20 dkg Selchspeck, 1½ aufgeweichte Semmeln, 1 Dotter, 2 ganze Eier, Pfeffer, Majoran, Salz

Leber und Semmeln faschieren. Den Selchspeck kleinwürfelig schneiden. Alles miteinander vermengen – Masse in einem gutverschlossenen Glas 2 Stunden im Dunst kochen. Die Pastete ist lange haltbar.

Leberpastete auf andere Art

1/4 kg Leber (vom Rind oder Schwein), 15 dkg frischer Speck, 1 Zwiebel, 5-6 Knoblauchzehen
Einbrenn aus: 4 dkg Fett, 4 dkg Mehl

Alle Zutaten miteinander faschieren. Zur Einbrenn soviel Milch dazurühren, daß sie so dick wie ein Grießkoch wird. Einbrenn, Faschiertes, 1 TL Salz, Pfeffer, Thymian oder Majoran gut vermischen. Eine große viereckige Rein gut ausfetten, die Masse einfüllen und ungefähr 1 Stunde im Rohr im Dunst bei 220 Grad backen.

A Gsölchts mit Kren und Eiern

Kennts as jo eh von der Jausn her

Rahmgurken

1 Schlangengurke, 2 Knoblauchzehen, Salz, Pfeffer,
2 TL Paprika, 2 EL gehackter Dill, 1/4 l saurer Rahm

Die Gurken schälen, mit dem Gurkenhobel fein schaben, salzen, etwas pfeffern. Zerdrückte Knoblauchzehen, milden Paprika und Dill daruntermengen und zum Schluß Sauerrahm unterziehen.

Kalter Schweinsbraten mit Essiggurkerln

– wenn vom Schweinernen z' Mittog wos übrigbliebn is.

Grammelaufstrich

1/4 kg Grammeln, 1 EL Schmalz, Pfeffer, Salz,
4 Knoblauchzehen

Die Grammeln faschieren. Schmalz, zerdrückten Knoblauch, Pfeffer und Salz – alles gut miteinander vermischen und aufs Hausbrot streichen.

Eiaufstrich

4 hartgekochte Eier, 1/4 kg Butter, 1 EL Senf, Salz, Pfeffer, 5 kleinwürfelig geschnittene Essiggurkerln

Die Butter mit Senf, Salz und Pfeffer schaumig rühren. Die hartgekochten Eier feinwürfelig schneiden und mit den Essiggurkerln unter die Butter-Senf-Masse rühren.

Preßwurst

uns schmeckts am besten „abgemacht" mit Zwiebel, Essig und Kernöl.

1 1/2 kg Kopf- und Kragenfleisch vom Schwein, 3-4 Schweinshaxerln, 1 Schweinsherz, Salz, 1 Zwiebel, 5 Knoblauchzehen, Wurzelwerk (Möhre, Sellerie, Petersilwurzel, Porreestange), 1 gut gereinigter Schweinsmagen

Kopf- und Kragenfleisch, Schweinshaxerln und das Herz mit kaltem Wasser, Salz, Wurzelwerk, Zwiebel und Knoblauchzehen weich kochen. Abseihen und abkühlen lassen. Einen gut gereinigten Schweinsmagen mit dem würfelig geschnittenen Fleisch füllen und die lauwarme Suppe dazugießen. Den Schweinsmagen sehr gut zunähen, in ein sauberes Tuch binden und ungefähr 2 Stunden in Salzwasser, dem ein Schuß Essig beigefügt wurde, kochen. Nach dem Kochen muß der Schweinsmagen einige Male mit der Gabel angestochen werden, damit die noch vorhandene Luft entweichen kann. Die Preßwurst muß 2-3 Tage beschwert werden, bevor sie angeschnitten wird.

Knofelwurscht

Mageres Schweinefleisch faschieren, viel Knoblauch (entweder klein zerhacken oder auspressen) dazugeben, ebenso Pfeffer, Salz und Majoran nach Geschmack. Fest verkneten (allenfalls etwas Wasser dazugießen) und in gut geputzte Därme abfüllen.
Man muß sie über dem Holzrauch selchen.
Am Freitag gibts an

Fischaufstrich

1/8 kg Butter, 1/2 EL Senf, Salz, Pfeffer, 2 Knoblauchzehen, 1 Dose Ölsardinen

Die Butter mit Senf, Salz und Pfeffer schaumig rühren. Die zerdrückten Knoblauchzehen dazugeben, die Sardinen entgräten und zerdrücken. Zum Butterabtrieb rühren; wenn die Masse zu wenig geschmeidig ist, noch etwas Sardinenöl dazugeben.

Notizen & weitere Rezepte:

Notizen & weitere Rezepte:

fig. 5 **Beim Nochtmohl**

so um siebene, kenan die steirischn Sterzbauern sich dann Zeit lossn, beim Polentakoch, aber auch noch bei an Tommerl und wie die vüln guatn Sochn sonst no heißn . . .

Sterz ißt a Steira
sei Leppa gern.

Sterzgrundrezept für 4 Personen

20 dkg Sterzmehl (Polenta), 1/2 l Wasser, Salz, 7 dkg Fett

Häufigste Zubereitung:
Das Fett in das kochende Salzwasser geben. Maismehl oder Maisgrieß einkochen. Am Herdrand (oder kleinste Stufe E-Herd) zugedeckt ausdünsten lassen. Verbröseln, mit heißen Grammeln überschütten.

Variante I
Maisgrieß in kochendes, gesalzenes Wasser einkochen und am Herdrand oder im Rohr ausdünsten lassen. Heißes Schmalz darübergießen und mit der Gabel verbröseln.

Variante II
Maisgrieß in heißem Fett rösten. Mit kochendem, gesalzenem Wasser aufgießen, zugedeckt ausdünsten lassen. Mit heißem Fett verbröseln.

Wias mitanand gmüatlich
eahna Nochtmohl essn,
vorm Schlofngehn,
wannd Arbeit tan is.

Ölsterz

1/4 kg Heidenmehl (Buchweizenmehl), 1/2 TL Salz,
kaltes Wasser;
1 EL Öl, 1/2 kg Äpfel

Heidenmehl mit Wasser und Salz abquirlen, so daß ein dünnflüssiger Teig entsteht. Aufs Blech Öl streichen, das Rohr vorheizen, Öl heiß werden lassen und den Teig daraufgeben. Die Äpfel darüberschneiden. Bei starker Hitze backen.

Polentasterz

1 l Milch, 1/2 gestrichener EL Salz, 40 dkg Polenta (Maisgrieß), 20 dkg Butter (evtl. Öl)

Die gesalzene Milch mit der Butter zum Kochen bringen, den Polenta einkochen und ausdünsten lassen.
Vor dem Anrichten mit der Gabel auflockern.
Nach Wunsch entweder gezuckert oder ungezuckert, evtl. mit Zwetschkenröster servieren.

Schwammerlsterz

1/2 kg Eierschwammerl, 1 EL Butter, 4 EL Grieß, 1/2 l Milch, Salz

Gewaschene, geputzte Eierschwammerl zerkleinern. In Butter halbweich dünsten. Den Grieß untermengen. Mit Milch aufgießen, salzen und im Rohr fertig dünsten.

jetzt kommen Sterz' aus da Weststeiermark.

Häfensterz mit saurer Milch

Für 8 Personen: 3 l Wasser, 1 kg Mehl, Salz, Fett

Das Salzwasser kochen. Mehl hinzufügen, kurz kochen lassen und mit der Gabel umrühren. Das Wasser abgießen. Heißes Fett darüberschütten und nochmals verrühren. Mit saurer Milch anrichten.

Hoadnsterz mit Rahmsuppe

Für 10 Personen: 2 l Wasser, 1/2 kg Heidenmehl, 10 dkg Fett, 5 dkg Grammeln, Salz

Das Heidenmehl in das siedende Wasser geben, bis sich ein großer Knödel bildet. Diesen läßt man 15 bis 20 Minuten kochen. Dann macht man in der Mitte mit dem Kochlöffel ein Loch und läßt noch 10 Minuten weiterkochen. Man gießt das überflüssige Wasser weg, verrührt den Knödel mit einer großen Gabel und gibt das heiße Fett mit den Grammeln darüber.

Rahmsuppe

1½ l Kümmelwasser (Kümmel in Wasser gekocht), ¼ l Rahm, 6 dkg Mehl, Salz

Der Rahm wird mit dem Mehl versprudelt und in das siedende Kümmelwasser eingekocht. Etwa eine halbe Stunde kochen lassen und mit Salz, Muskatnuß und etwas Essig abschmecken.

guat schmeckt dazu dicke Milch
oder a liachta Kaffee.

Erdäpfelsterz

¾ kg Erdäpfel, Salz, 1 TL Kümmel, Wasser, 20 dkg Mehl, 3 EL Schmalz, ¼ kg Grammeln, Salz, Pfeffer

Man schält rohe Erdäpfel, viertelt sie und bedeckt sie knapp mit Salzwasser, dem man auch reichlich Kümmel beigefügt hat. Wenn die Erdäpfel kernig weich sind, lindet man Mehl. Dieses Mehl schüttet man oben auf die Erdäpfel und läßt alles zugedeckt – ohne zu rühren – weiterkochen, bis das Mehl einen Deckel bildet, den man einige Male mit dem Kochlöffel durchbohrt.
Dann gießt man vorsichtig das überschüssige Wasser ab und stampft Erdäpfel und Mehl sehr gut zusammen. In Schmalz reichlich Grammeln heiß werden lassen, salzen und pfeffern. Den Sterz daraufgeben und unter häufigem Wenden gut durchrösten.

Topfensterz

30 dkg Weizen- oder dunkles Mehl, 30 dkg Topfen, Salz, ca. 3 EL Schmalz

Weizen- oder dunkles Mehl wird mit Topfen gut abgebröselt, gesalzen und ungefähr 10 Minuten stehen gelassen. Hierauf wird gelindet, bis es hellgelb wird. Dann gibt man reichlich Schmalz dazu und röstet so lange, bis der Sterz bröselig ist.

wia's ihn auf da Alm
mit ana Milchsuppn essn

Verheirateter Sterz

1/2 kg Äpfel, Salz, 1 l Wasser, 40 dkg Polentamehl, 2 EL Butter

Kleingeschnittene, geschälte Äpfel werden weich gekocht; dann gibt man in einen Topf siedendes Wasser, 1 Messerspitze Salz, rührt Polentamehl und die Äpfel hinein und läßt weiterkochen (wie sonst den Sterz), zerläßt Butter, schmalzt hinein und verrührt gut, bis der Sterz fertig ist. Dann wird er zu Milch angerichtet.

Bäurin, wann da ka Sterz foal is, oft drisch dein Hoba na selber aus, ih nimm mei Binkerl.

Hoadnsterz auf'n Blech

1/2 l lauwarmes Wasser, Salz, Heidenmehl; 2 EL Schmalz, 1/2 kg Erdäpfel

Lauwarmes Wasser mit Salz anreichern und soviel Heidenmehl hineinrühren, bis es breiig wird (nicht zu dick). Ein Blech mit Schmalz gut ausstreichen, den Heidenmehlbrei hineingießen und rohe Erdäpfel darüberreiben. Man kann statt dessen auch Apfelscheiben darübergeben. Ins vorgeheizte Rohr schieben und bei starker Hitze backen.

Türkentommerl

15 dkg Butter, 4 Eier, 2 EL Zucker, 1 l Milch, 1/2 l Maismehl, 1/2 kg Äpfel

Aus Butter, Dottern und Zucker macht man einen Abtrieb. Die Milch mit Maismehl vermischen, den Abtrieb unterrühren und den steifgeschlagenen, gesalzenen Schnee der 4 Klar unterziehen. In eine gefettete Rein geben, mit Apfelspalten belegen und 3/4 Stunde bei mittlerer Hitze backen.
Man kann statt Milch auch Süßmost nehmen.

Polentatommerl

1 kg Früchte, 30 dkg Maisgrieß, 5 dkg Fett, 5 dkg Zucker, 1 Ei und Salz

In ¾ l Wasser oder Milch wird Maisgrieß mit dem Ei und Salz versprudelt und mehrere Stunden stehengelassen. Dann streicht man eine Pfanne mit Fett aus, streut geschnittene Äpfel, Zwetschken, Kirschen, Ribisl, Schwarzbeeren oder andere Früchte hinein, gießt den Teig darüber und läßt die Speise im Rohr backen.
Vor dem Anrichten dreht man den Tommerl um und streut Zukker darauf.

Eiertommerl

15 dkg Mehl, 3 Eier, Prise Salz, ¼ l Milch

Die Zutaten gut verquirlen. Ein gefettetes Backblech oder eine große viereckige Rein mit ca. 1 EL Fett sehr heiß werden lassen. Den Teig hineingeben, darauf viel Topfen und geriebene Äpfel streuen, goldgelb backen.

Hoadnudeln mit Topfenfülle

½ kg Heidenmehl, kochendes Wasser, Salz;
¼ kg Topfen, 2 Eidotter, 1 EL saurer Rahm, Salz, Petersilie, Kerbelkraut

Man macht von gesalzenem, mit siedendem Wasser abgebrühten Heidenmehl einen ziemlich weichen Teig, schneidet ihn in Stücke und treibt diese zu handtellergroßen ovalen Flecken aus, die dann mit nachstehender Topfenfülle gefüllt werden:
Feingeschnittene Petersilie und Kerbelkraut mit Semmelbröseln in heißer Butter anlaufen lassen, bröckeligen Topfen und 2 mit saurem Rahm und etwas Salz versprudelte Eidotter dazugeben und auf die Flecken streichen.
Dickere Nudeln rollen, in Salzwasser vorsichtig gar kochen und mit in Butter gerösteten Semmelbröseln abschmalzen.
Dazua gibts an Salat oder dünste Äpfel.

Woazschnitten

Sehr dick eingekochter, erkalteter Türkensterz wird in rechteckige Stücke geschnitten, etwas gefettet und überbacken. Gut als Beilage zu Fleischgerichten, Hendl oder Bratwürsten.
Die Hälfte des Maismehls kann durch Grieß ersetzt werden, dann zuckert man die Schnitten und kann sie zu Kompott essen.

Rahmkoch mit Almkaffee

3/4 l süßer Rahm, 1/4 l saurer Rahm, Anis, glattes Mehl, Rosinen, Salz

1/2 l süßen und 1/4 l sauren Rahm kochen, bis er siedet. Aus Mehl und 1/4 l süßem Rahm ein Farferl (dicken Brei) machen und in den Rahm geben, bis ein zähes Koch entsteht. Anis und Salz dazugeben und dann so lange rühren, bis ein lockerer Sterz entsteht. Zum Schluß die Rosinen beimengen. Anrichten mit Almkaffee (Kaffee mit Schnaps).

Krautflecken

Erdäpfelteig: 1/2 kg gekochte Erdäpfel, 4 dkg Fett, 1 Ei, 5 dkg Grieß, Salz, Mehl nach Bedarf
Weißkrautfülle wie zu Krautstrudel zubereiten. 2 EL Schmalz

Erdäpfelteig wie zu Erdäpfelknödeln bereiten. Rechtecke ausschneiden. Weißkraut wie zum Krautstrudel zubereiten. Auf die Rechtecke geben, zuklappen, aufs Blech geben, goldgelb backen. Vor dem Essen mit flüssigem Schmalz bestreichen, etwas zudekken und mit Salat anrichten.

Aus da Pöllauer Gegend.

Krautrollen

1 kleiner Krauthäuptel, 1 TL Zucker, 1 TL Salz, 1 EL Fett, 1 TL Paprika, 20 dkg faschiertes Rindfleisch, Palatschinkenteig wie zu „Frittatibraten" zubereiten

Krauthäuptel sehr fein hobeln. Mit wenig Wasser, etwas Zucker, Salz, Fett und Paprika weich dünsten. Faschiertes Rindfleisch in Fett etwas anrösten. Mit dem Kraut mischen. Einstweilen einen Palatschinkenteig abrühren. Dünne Palatschinken backen und mit der Kraut-Faschiertenmasse füllen. Aufrollen, in eine feuerfeste Form schichten, mit einer Eier-Sauerrahm-Masse (aus 4 Eiern, 1/4 l saurem Rahm und 1/4 l Milch) übergießen und im Rohr überbacken.

Erdäpfelwurst

10 große Erdäpfel, Salz, Pfeffer, Majoran, 3 zerdrückte Knoblauchzehen, 2 EL Grammeln, 1 große Zwiebel, 2 EL Schmalz. Einige gut gereinigte Därme

Die Erdäpfel schälen, roh reiben und gleich ins kalte Wasser geben, damit die Erdäpfel nicht schwarz werden. Noch 2mal waschen. Salzen und pfeffern. Knoblauch und Majoran dazugeben. Grammeln und feingeschnittene Zwiebeln mit Schmalz anrösten und zu den Erdäpfeln geben. Gut vermischen. In gut gereinigte Därme locker einfüllen und im heißen Rohr ca. 45 Min. backen.

Gurgelschnalzer

*5 Erdäpfel, Salz, 1 Zwiebel, 5 EL Mehl;
Fett zum Ausbacken*

Die Erdäpfel schälen, roh kleinwürfelig schneiden und in Salzwasser weich kochen. Die feingehackte Zwiebel goldgelb rösten. Mehl darübergeben. Weiter braun rösten. Mit den abgegossenen Erdäpfeln und evtl. etwas Erdäpfelwasser zu einer glatten, geschmeidigen Masse zerstampfen. Mit einem Eßlöffel Nockerl ausstechen und im heißen Fett ausbacken. Wer mag, kann noch geröstete Zwiebeln darübergeben.

Des schnolzt nur so
die Gurgl obi!
(Mir san holt a wenk onderst
wia die andern Leut.
Louwisou.)

Erdäpfel-Krapferln

4 gekochte Erdäpfel, 1 Ei, nußgroß Fett, Salz, etwas Mehl; 1 Ei, Fett zum Ausbacken

Aus gekochten, geriebenen Erdäpfeln, Ei, nußgroß Fett, Salz und etwas Mehl einen Teig kneten. Vorsichtig mit Mehl bestreuen, auswalken und kleine Krapferl ausstechen. In verklopftem Ei drehen und in heißem Fett ausbacken.

Schinkenkrapfen

14 dkg Mehl, 3 dkg Fett, 2 Dotter, 1 gekochter Erdapfel, Prise Salz, 1 dkg aufgegangene Germ (in etwas lauwarmer Milch angesetzt)

Man macht mit etwas Milch einen Teig, den man gehen läßt, dann ausrollt, aussticht wie zu Faschingkrapfen.
Fein geschnittener Schinken wird in die Mitte der Teigscheiben gegeben und mit einer 2. Teigscheibe zugedeckt. Gut am Rand verkleben und an einem warmen Ort gehen lassen. Entweder im Rohr oder aus heißem Schmalz goldgelb ausbacken.

Milchfarferl

¼ kg Mehl, 2 l Milch, 1 Ei, Prise Salz

Mehl, Ei und Salz bröselt man mit 3 EL Milch ab. Die feinen Farferln werden in 2 l siedender Milch unter Rühren eingekocht und 20 Min. gesotten. Nach Wunsch kann das Farferl auch gesüßt und mit Vanille oder Zitronenschalen gewürzt werden.

die essen wir als Mehlspeis oder als Freitagskost mit Zwetschkenröster.

Äpfelknödeln

1 kg säuerliche Äpfel, 10 dkg Staubzucker, 1 TL Zimt, Prise Salz, 2 Eier, 1/4 kg Mehl, etwas Wasser oder Milch

Äpfel schälen und würfelig schneiden. Staubzucker und Zimt nach Geschmack darübergeben. Salz, versprudelte Eier, griffiges Mehl und Wasser oder Milch, soviel die Masse annimmt, zugeben. Gut vermischen und ungefähr 1/2 Stunde stehen lassen. Vorsichtig Knödel formen und ganz langsam in Salzwasser kochen. Mit in Butter gerösteten Semmelbröseln bestreuen.

Notizen & weitere Rezepte:

kennts an Triet, a bsoffene Liesl, a Kipfelkoch?

Über die große Familie der Krapfen könnts nachlesen beim Johrlauf, denn sie begleiten den Steirer an alle Festtäg.

Butterkrapfen

1/2 kg Butter, 1/2 kg Mehl, 1 Ei, 1 Dotter, 1 Stamperl Rum, 1 Spritzer Essig, Saft von 1 Zitrone

1/3 vom Mehl mit der Butter rasch gut verkneten und kalt stellen. Das restliche Mehl mit den anderen Zutaten zu einem nicht ganz festen Strudelteig abarbeiten. 1/2 Stunde rasten lassen. Dann gut auswalken, den Butterziegel einschlagen und wieder auswalken, noch einmal zusammenschlagen, rasten lassen. Alles noch 2mal wiederholen. Dann wieder auswalken. Vierecke ausradeln. Die Ränder mit Eiklar bestreichen. In die Mitte 1 TL Marmelade geben, zusammenschlagen und gut zudrücken. Auf ein nasses Blech legen und bei starker Hitze backen. (Wenn man während der Backzeit ein Häferl mit kaltem Wasser ins Rohr stellt, werden die Krapfen schöner.)

Krapfn ißt er soviel gern.
Heint muaß mar eahms
schon gunnan —

Lebzelt

30 dkg Mehl, 20 dkg Zucker, 2 Eier, 2 EL Honig, 1 TL Speisesoda, Zimt, Lebkuchengewürz, Gewürznelken, 15 dkg geriebene Nüsse

Mehl, Zucker und Nüsse aufs Nudelbrett geben. Die Gewürze darüberstreuen. Honig in einem flachen Schüsserl auf kleiner Flamme erwärmen (nicht kochen lassen!), mit Speisesoda mischen und über die Zutaten am Nudelbrett gießen. Die Eier dazutun, gut vermischen und dann ganz glatt kneten. In 2 Teile teilen. Eine Hälfte auswalken, auf das gefettete und bemehlte Blech legen, mit Ribisel- oder Zwetschkenmarmelade bestreichen. Dann die zweite Hälfte auswalken und darübergeben. Im Rohr bei 180 Grad ca. 35-40 Minuten backen.
In der Zwischenzeit aus Staubzucker und Zitronensaft eine Glasur bereiten. Nachdem der Lebkuchen fertig gebacken ist, ganz dünn die Glasur darübergeben, fest werden lassen und in schräge Schnitten schneiden.

Topfentascherln

15 dkg Mehl, 15 dkg Butter, 15 dkg Topfen, säuerliche Marmelade zum Füllen, 1 Ei, gehackte Nüsse

Mehl mit Butter gut abbröseln, mit Topfen vermengen und an einem kühlen Ort einige Stunden rasten lassen. Messerrückendick auswalken, viereckige Flecken ausschneiden. Mit Marmelade füllen, überschlagen und gut zusammendrücken. Mit verklopftem Eidotter bestreichen und mit gehackten Nüssen bestreuen. Auf ein gefettetes und bemehltes Blech legen und backen.

Bischofsbrot

15 dkg Zucker, 2 ganze Eier, 2 Eidotter, 15 dkg Mehl, 1/2 Paket Backpulver, 10 dkg Rosinen, 6 dkg gehackte Nüsse

Zucker, Eier und Eidotter werden 1/2 Stunde gerührt. Mehl, Backpulver, Rosinen und Nüsse werden daruntergegeben. In eine gefettete und bemehlte Form füllen und backen.

Vanille-Brot

21 dkg Zucker, 4 Eier, 2 Vanillestangen, 10 1/2 dkg Mehl

Zucker mit Dottern über siedendem Wasser dickschaumig schlagen, vom Feuer wegnehmen und bis zum Auskühlen weiter schlagen. Das Ausgekratzte von 2 großen Vanillestangen und den steifen Schnee von 4 Klar unterziehen. Mehl darübersieben und unterheben. Auf ein gefettetes, bemehltes Blech streichen, backen und ausgekühlt in Streifen schneiden.

Nuß-Brot

6 Eiweiß, 34 dkg Zucker, 30 dkg Mehl, 34 dkg Nüsse, 4 Rippen Schokolade, 5 dkg Rosinen

Die Eiweiß werden mit Zucker ½ Stunde gerührt. Dann werden das Mehl, grob gehackte Nüsse, grob gehackte Schokolade und Rosinen zugegeben und gut verrührt. In eine gut gefettete und bemehlte Form füllen und langsam backen. Kalt in längliche Streifen schneiden.

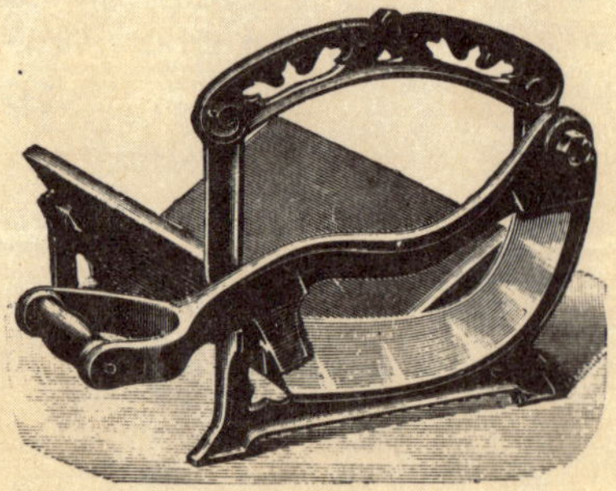

Honig-Brot

3 Eier, 16 EL Mehl, 5 EL Zucker, 1 EL Speisesoda, 4 EL heißer Honig

Eier, Mehl, Zucker, Speisesoda und heißen Honig gut verrühren. Auf ein gefettetes, bemehltes Blech streichen, backen und etwas abgekühlt in Streifen schneiden.

Heidentorte

18 dkg Butter, 20 dkg Zucker, 8 Eier, Schale und Saft von 1 Zitrone, 20 dkg Heidenmehl, 10 dkg geriebene Mandeln. Preiselbeermarmelade zum Füllen

Butter, Zucker, Dotter, Schale und Saft von 1 Zitrone flaumig rühren. Den Schnee von 8 Klar, Heidenmehl und geriebene Mandeln leicht darunterheben. In eine gefettete und bemehlte Tortenform geben, ins vorgeheizte Rohr schieben und backen. Erkaltet mit Preiselbeermarmelade füllen.

Heb an zan woshn —
von der Liab alloan
wird man nit fett.

Weizertorte

25 dkg Zucker, 8 Eier, 2 EL Rum, 3 Rippen Kochschokolade, 1/4 kg geriebene Nüsse oder Mandeln

Zucker, Dotter und Rum flaumig rühren. Die zerlassene Schokolade dazugeben. Geriebene Nüsse oder Mandeln und den Schnee der 8 Klar zugleich vorsichtig unterheben. In einen Tortenmodel geben und backen.

Triet

Zwieback: 4 Eiklar zu steifem Schnee schlagen, 11 dkg Zucker, 1 Packerl Vanillezucker, 10 dkg Mehl und 5 dkg flüssige Butter unterheben

Eine Rehrückenform gut ausfetten und bemehlen, die Masse einfüllen und bei 180 Grad langsam backen. Aus der Form stürzen und in dünne Scheiben schneiden. Auf ein Blech legen und bei 150 Grad im Rohr noch kurz überbähen lassen. Eine irdene Form mit den Zwiebackscheiben auslegen und mit 1/2 l Wein, der gut gezuckert und mit Gewürznagerln und Zimtstangen aufgekocht und wieder abgekühlt wurde, übergießen.
Man kann den Triet auch mit gekauftem gezuckerten Zwieback machen.

Kürbistorte

5 Dotter, 20 dkg Staubzucker, 6 dkg Bröseln, 2 dkg Mehl, 2 EL Rum, 20 dkg geriebene Haselnüsse, 25 dkg fein geschabter Kürbis, 1/2 Paket Backpulver, 5 Klar Schnee

Dotter und Zucker schaumig rühren. Rum, Kürbis, Haselnüsse, Mehl, Brösel und Backpulver unterrühren. Zuletzt den Schnee dazugeben. In eine gefettete, bemehlte Tortenform füllen und im Rohr bei 200 Grad ca. 3/4 Stunde langsam backen. Abgekühlt mit schaumig gerührter Marillenmarmelade füllen und mit einer Zitronenglasur aus 12 dkg Staubzucker und 1 Zitrone glasieren. Wenn die Glasur ganz schön werden soll, den Zitronensaft ein bisserl anwärmen!

Aus di Kürbis moch'n ma alles!

Grazer Stadtpark-Busserln

28 dkg Mehl, 28 dkg Butter, 14 dkg Zucker, 3 Dotter, Marillenmarmelade zum Füllen

Aus Mehl, Butter, Zucker und Dottern macht man einen Teig. Dann formt man mit 2 Kaffeelöfferln Busserln, die man auf ein gefettetes, bemehltes Blech legt und hell backt. Etwas abgekühlt werden sie zu je zweien mit schaumig gerührter Marillenmarmelade zusammengelegt.

Kipfelkoch

7 dkg Butter, 7 dkg Zucker, abgeriebene Schale von 1 Zitrone, 5 Eier, 1/4 l Obers, 4 altbackene Kipferln

Zu einem Abtrieb von Butter, Zucker, abgeriebener Schale von 1 Zitrone und den Dottern gibt man mit Obers befeuchtete Brösel von altbackenen Kipferln und den Schnee von 3 Klar. Dann füllt man die Masse in eine mit Butter ausgestrichene Form und siedet sie 45 Min. im Wasserbad. Man stürzt das Koch vorsichtig und übergießt es mit einer schaumig gerührten, mit Rum verdünnten Marillenmarmelade.

Bsoffene Liesel

4 Eier, 14 dkg Zucker, 11 dkg Semmelbröseln, abgeriebene Schale von 1 Zitrone, Prise Salz; 1/2 l Wein, 1 TL Zimt, abgeriebene Orangenschalen, 1/8 kg Zukker, 6 Gewürznelken

Dotter und Zucker schaumig rühren, Semmelbrösel, geriebene Schale von 1 Zitrone, Salz und zuletzt den Schnee von 4 Klar daruntergeben. Eine Puddingform gut mit Butter ausstreichen und ca. 3/4 Stunde im Wasserbad kochen. Nur kurz abkühlen lassen und mit Wein, der mit Zimt, abgeriebenen Orangenschalen, Zukker und Gewürznagerln aufgekocht wurde, übergießen.

Dazua schmeckt frischgeschlagenes Schlagobers.

Bröselkoch

5 Eier, 1 TL Zimt, 5 eischwer Brösel, 5 EL Zucker, abgeriebene Schale von 1 Zitrone, Wein oder Rum

Man nehme Eier, Brösel und Zucker. Die Brösel mit Wein oder Rum befeuchten, auf die Seite stellen. Eier und Zucker schaumig rühren. Zimt und abgeriebene Zitronenschale zugeben. Den steifgeschlagenen Schnee unterheben. Die mit Wein oder Rum befeuchteten Brösel vorsichtig untermengen, in eine Ring- oder Gugelhupfform geben und backen. Gleich nach dem Backen mit 1/4-1/2 l mit Zimt, Gewürznelken und Zucker aufgekochtem, heißem Wein übergießen.

Wannst mia dei
Weinkoch gibst,
derfst dei Fleisch
in meina Suppn Kochn

Weinkoch

1/2 kg Zucker, 5 Eier, 1/2 l Wein, 60 dkg Mehl, 1 Paket Backpulver

Zucker und Eier flaumig rühren. Wein, Mehl und Backpulver leicht darunterrühren. In 2 längliche Model geben und backen. Noch lauwarm mit Wein, der mit 2 Zimtstangen, Gewürznelken und 10 dkg Zucker heiß gemacht wurde, begießen.

Heidenauflauf

5 Eier, 5 EL Zucker, 4 EL Heidenmehl; 1/4 l heißer, gezuckerter Weißwein zum Übergießen

Dotter mit Zucker schaumig rühren. Heidenmehl dazugeben, gut abrühren, damit nichts klumpig wird, und zuletzt den Schnee der 5 Klar darunterziehen. Im Rohr in einer feuerfesten Form backen und noch warm mit heißem, gezuckertem Weißwein übergießen.

von meiner Großmutter.

Haselnußkoch mit Vanillesoße

7 dkg Butter, 7 dkg Zucker, 3 Eier, 1 Paket Vanillezucker, 12 dkg geriebene Haselnüsse, 1 Messerspitze Backpulver
Vanillesoße: 3 Eidotter, 3 EL Milch, 1/8 l Milch, 2 Vanillestangen

Butter, Zucker, Dotter und Vanillezucker sehr gut abtreiben. Dann den Schnee der 3 Klar steif schlagen und mit geriebenen Haselnüssen und Backpulver leicht vermengen. Die Masse in einer gefetteten, bemehlten, geschlossenen Puddingform 1 Stunde im Wasserbad kochen.
Vanillesoße: Eidotter rührt man mit einigen EL Milch (kalt) gut ab und kocht sie mit 1/8 l Milch auf, gibt 2 aufgeschnittene Vanillestangen dazu, kocht unter Rühren sämig und gibt Zucker nach Geschmack dazu.

so hots an Peda sei Großmutter gmacht.

Ameisenhaufen

Biskuitteig: 6 Eier, 1/4 kg Zucker, 1/8 l Wasser, 30 dkg Mehl; 1/4 l starker, schwarzer Kaffee zum Beträufeln

Biskuitteig: Aus Dottern, Zucker und Wasser eine sehr schaumige Masse rühren. Den steifen Schnee von 6 Klar und gesiebtes Mehl leicht untermengen. Die Masse auf ein gut gefettetes und bemehltes Blech füllen und bei mäßiger Hitze backen und auskühlen lassen. In 1 1/2 cm breite Streifen schneiden. Kreisförmig in eine runde Schüssel einlegen, bis der Boden bedeckt ist. Mit starkem schwarzen Kaffee gut beträufeln und mit Creme bestreichen. Diesen Vorgang wiederholt man so lange, bis die Schüssel voll ist. Abgeschlossen wird mit quergelegten Streifen.
Das Ganze wird nun auf eine Tortenplatte gestürzt und gut mit Creme bestrichen. Viel Schokostreuseln darüberstreuen.

Creme: *1/4 l Milch, 4 dkg Kakao, 5 dkg Mehl, 1 Dotter, 25 dkg Zucker, 25 dkg Butter*

Die Milch, der Kakao, das Mehl und 1 Dotter werden gut miteinander verquirlt und in einem Reindl langsam zum Kochen gebracht, dann kalt gerührt und löffelweise unter den flaumigen Butter-Zucker-Abtrieb gehoben.

Apfelschlangel

Teig: 1/4 kg Butter, 1/4 kg Mehl, Salz, 1 EL Rum, Saft von 1 Zitrone und so viel saurer Rahm, wie der Teig annimmt
Fülle: 1 kg säuerliche Äpfel, Zucker, Zimt nach Geschmack, 10 dkg Rosinen

Aus Butter, Mehl, Sauerrahm, Salz, Rum und Zitrone einen guten, elastischen Teig machen. Rasten lassen, auswalken mit dem Nudelwalker und die Hälfte davon aufs Blech legen. Dicht mit feingeschnittenen Äpfeln bedecken. Zucker, Zimt und Rosinen darüberstreuen. Die 2. Hälfte als Deckblatt daraufgeben. Alle 5-10 cm mit der Gabel durchstechen. Ins leicht vorgeheizte Rohr geben und goldgelb backen.

Türkische Schnitten

Teig: Dampfel von 1 1/2 dkg Germ, 1 EL Zucker und 1/8 l lauwarmer Milch, 35 dkg Mehl, 5 Dotter, 1 1/2 EL Butter, Salz
Belag: 2 Eiweiß, 20 dkg geriebener Mohn oder Nüsse, 10 dkg Zucker
Überguß: 3 Eiweiß, 15 dkg Zucker

Zucker und Germ in wenig lauwarmer Milch aufgehen lassen. Dann mit Mehl, Dottern, Butter und wenig Salz einen Teig machen. Gut abarbeiten. Ungefähr 1/2 Stunde gehen lassen und dann daumendick auswalken. Diese Teigplatte auf ein gefettetes, mit

aus der Zeit der Türkeneinfälle.

Mehl bestreutes Blech legen. Mit 2 leicht verschlagenen Eiweiß bestreichen und geriebenen Mohn oder Nüsse, mit Zucker vermengt, dick daraufstreuen. Aus den restlichen 3 Eiweiß mit Zukker einen steifen Schnee schlagen. Gut darüberstreichen. Noch 1 Stunde an einem warmen Ort gehen lassen und dann erst bei 220 Grad ca. eine 3/4 Stunde backen. Lauwarm mit viel Staubzucker anzuckern.

Je länger – je lieber

42 dkg Mehl, 14 dkg Zucker, 14 dkg Butter, 10 dkg Schmalz, 3 Eidotter; 1 leicht verschlagenes Eiklar zum Bestreichen, Zucker, säuerliche Marmelade

Aus Mehl, Zucker, Butter, Schweinefett und Dottern einen Teig kneten. 1/2 Stunde kühl rasten lassen. Kleine Kugeln formen. In der Mitte eindrücken. Mit Eiklar bestreichen, mit Zucker bestreuen und bei Mittelhitze backen.
Erkaltet, die Vertiefung mit einer säuerlichen Marmelade füllen.

Zsammglegte Krapferln

1/2 kg Mehl, 20 dkg Zucker, 1/2 Paket Backpulver, 1 Paket Vanillezucker, 1 TL Zimt, 6 dkg Butter, 2 Eier
Marillen- oder Ribiselmarmelade zum Füllen

Mehl mit Zucker, Backpulver, Vanillezucker und Zimt gut vermischen, mit Butter verbröseln und die Eier unterkneten. Mindestens 1/2 Stunde kühl rasten lassen. Auswalken und runde Krapferln ausstechen. Auf ein gefettetes Blech geben und hell backen lassen. Nach dem Abkühlen mit Marillen- oder Ribiselmarmelade füllen und in mit Vanille vermischtem Staubzucker wälzen.

Notizen & weitere Rezepte:

Wos ma nebn

n steirischn Wein und Bier no trinkn –

In weiten Teilen des Berglandes gab es den Rebensaft nur bei raren Gelegenheiten beim Wirtn, daheim aber neben klarem Wasser nur den unverändert beliebten

Most

Im Süden wird er auch aus Trauben, sonst aus Äpfeln gepreßt. Nach der Gärung ist er in sauberen Holzfässern bis zu drei Jahren haltbar.

In den mit Wein gesegneten Landesteilen durfte dieser ab der Mitte des vorigen Jahrhunderts in der eigenen Buschenschank angeboten werden. Dort kann man auch heute noch dem organisierten Trubel ausweichen und bei (meist) klarem Kopf die einfachen, wahren Freuden erleben.

Wurde früher der weststeirische Schilcher unterbewertet, gabs im Oststeirischen oft nur zu einem rassigen Gselchten verträgliche „Heckenkläscher", so haben die tüchtigen steirischen Weinbauern ihre Sorten heute zu international anerkannten Spitzenweinen kultiviert, die der wirkliche Feinschmecker in unberührter Umgebung bei einer steirischen Jausn genießt.

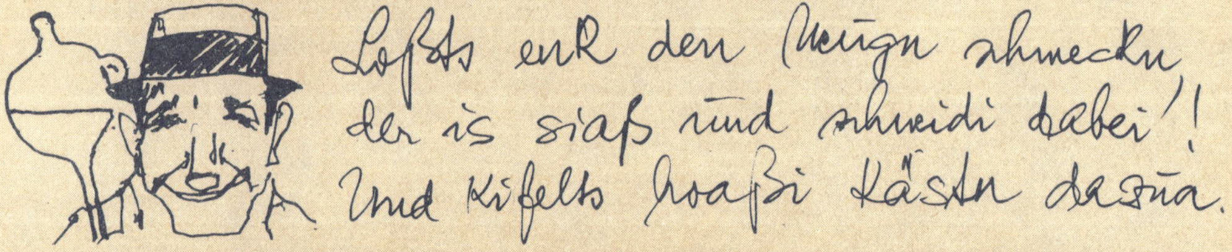

Die Weststeirer lieben ihren Wein auch über einen heißen Heidensterz gegossen oder zu einem Spagatkrapfen; im Süden gibts den

Zwiebelkuchen

Teig: 1/4 kg Grammeln, 40 dkg Mehl, 2 Eier
Belag: 10 große Zwiebeln, 2 EL Schmalz
Überguß: 1 EL Mehl, 2 Eier, 1/4 l saurer Rahm, Salz, Pfeffer, 2 Handvoll Speckwürfel

Einen Teig aus Grammeln, Mehl und Eiern schnell abkneten.

Ungefähr 1/2 Stunde kühl rasten lassen. Auswalken und auf ein gefettetes, bemehltes Blech legen. Den Rand rundherum etwas hochziehen. Die Zwiebeln werden dünnblättrig geschnitten und in Schmalz goldgelb angeröstet. Wenn sie erkaltet sind, rührt man Mehl, Eier, sauren Rahm, Salz und Pfeffer unter die Masse, füllt die Zwiebelmasse auf den Teig und streut noch Speckwürfel darüber. Dann backt man den Kuchen bei 220 Grad, bis er knusprig ist.

und alle mögen zum Wein die

Grammelpogatschen

Dampfel von 1 1/2 dkg Germ, 4 dkg Mehl, Prise Zukker, 1/8 l lauwarmer Milch; 20 dkg Mehl, 1/4 l saurer Rahm, 7 dkg Fett, Salz, 14 dkg Grammeln, Pfeffer

Ein Dampfel von Germ, Mehl, Zucker und Milch machen. Dann gibt man Mehl, sauren Rahm, Fett und Grammeln darunter, salzt, pfeffert und knetet rasch einen nicht zu festen Teig. Man stellt ihn ungefähr 1/2 Stunde kühl, walkt ihn dann kleinfingerdick aus, sticht runde Krapferln aus, bestreicht sie mit verklopftem Ei, legt sie auf ein gefettetes, bemehltes Blech und backt sie bei 220 Grad ca. 1/2 Stunde.

Und jetzt noch ein paar alte Rezepte mit Wein, die auch heute noch verwendet werden:

Warmer Bischof

Saft von 1 Orange, Schale von 2 Orangen, 0,7 l Rotwein, 1/2 kg Zucker

Die feingeschnittene Schale der Orangen gibt man in Rotwein und läßt das Ganze 8 Tage zugedeckt stehen. Dann kocht man

Zucker bis zum 4. Grad, gibt den Saft der Orange und, wenn er ausgekühlt ist, den abgeseihten Wein dazu. Diesen Extrakt bewahrt man in Flaschen auf und gibt ihn zum Glühwein.
(4. Grad bedeutet: Zucker so lange erhitzen, bis sich der an einem Kochlöffel haftende Zucker, nachdem er in kaltes Wasser getaucht wurde, zu einer Kugel formen läßt.)

Kalter Bischof

1½ l Rotwein, ½ l Wasser, ½ kg Zucker, Saft von 1 Zitrone, Vanilleschote, ¼ l Rum

Milden Rotwein, Wasser und Zucker läßt man aufsieden. Inzwischen gibt man in einen Topf den Saft der Zitrone, die Vanilleschote und den Rum. Zusammenschütten. Nach dem Abkühlen wird der „Bischof" in Flaschen abgefüllt und etwas verdünnt getrunken.

Cardinal

1 mittlere Ananas, 0,7 l Rotwein, 10 dkg Zucker, ½ l Wasser

Die Ananas schält man und schneidet sie zu dünnen Scheiben. Man schüttet Rotwein darauf und deckt alles zu. Am nächsten Tag gibt man Zucker und Wasser dazu, läßt den Zucker zergehen, seiht alles zu 1 Flasche Sekt, füllt die Mischung in Flaschen und stellt diese vor dem Servieren auf Eis.

Vom Ribiselwein

werden die Steira rabiat!

1 l Ribiselsaft, 1 l Wasser, 60 dkg Zucker

Ribiselsaft mit Wasser vermischen. Zucker daruntergeben. Mehr Zucker erzeugt mehr Alkohol. Die ganze Mischung in Flaschen oder ein kleines Faß füllen. Nicht zustöpseln, gären lassen. Beim Gären immer etwas Flüssigkeit nachfüllen. Ist der Ribiselwein vergoren, muß man die Flaschen oder das Faß zustöpseln, zuerst leichter, dann jeden Tag etwas fester.

Saggera wold nochamol —
Wastl, des is a Weinl!
Hau saxn,
heint gehn' mas schorf on.

Schwarzbeerwein

1 l Saft von ausgepreßten Schwarzbeeren, 1½ l Wasser und 30 dkg Zucker. Zubereitung wie beim Ribiselwein.

Rezept von der Urahn anno 1834

Hetscherlwein

In eine große Flasche gibt man 2 l gut geklaubte, gewaschene, von Stielen und Kapperln befreite Hetscherln. 3 l Wasser werden mit ½ kg Kristallzucker aufgekocht und ausgekühlt darübergegeben. Mit Pergament zubinden und 14 Tage aufs Herdmäuerl stellen. Nachher 3 Monate im Zimmer stehen lassen, bis alle Hetscherln am Boden sind. Hernach abseihen und verkorken. Auf die übriggebliebenen Hetscherln gibt man wieder 3 l Wasser, aber nur 1 kg Zucker darauf. Man verfährt wie beim ersten Mal.

Notizen & weitere Rezepte:

Notizen & weitere Rezepte:

fig. 8

– ma in da Speis und im Kölla aufhebn –

Zwetschken im Dunst

5 kg Zwetschken, 1 kg Zucker, 1 Packerl Einsiedehilfe, etwas Rum
(1 Packerl = 1 Tütchen)

Entkernte Zwetschken werden vermischt mit Zucker und Einsiedehilfe und in Gläser gefüllt. 24 Stunden an einem sehr warmen Ort stehen lassen, bis sich genügend Saft gebildet hat. In jedes Glas etwas Rum oder Kognak geben. Mit Rexgummi und Glasdeckeln gut verschlossen 20 Minuten im Dunst kochen lassen.

Eingelegte Zwetschken

5 kg Zwetschken, 1/4 l Weingeist, 1/2 l Wasser, 1 kg Zucker

Weingeist, Wasser und Zucker aufkochen lassen, die Zwetschken hineingeben und so lange kochen lassen, bis sie aufgesprungen sind. Dann in Gläser schichten. Den Saft heiß darüberschütten und erst verschließen, wenn sie ausgekühlt sind.

Eingelegte Zwetschken mit Rum

1/2 kg Zucker, 1/2 l Rum, 2 kg Zwetschken, etwas Wasser

Auf ein 2-l-Glas nimmt man 1/2 kg Zucker und 1/2 l Rum. Den Zucker mit etwas Wasser befeuchten, 5 Minuten stark aufkochen und dann auskühlen lassen. Abwechselnd Zucker und Zwetschken in das Glas geben, den Rum darübergießen und mit Cellophan verschließen.

Segne, Vater, diese Gaben,
daß sie sättigen und laben,
und zu allen guten Werken
uns an Leib und Seele stärken.

Zwetschkenröster

5 kg sehr reife Zwetschken, $^{3}/_{4}$ kg Zucker, $^{1}/_{2}$ l Wasser, 5 Zimtstangen, 10 Gewürznelken, $^{1}/_{8}$ l Rum

Die Zwetschken werden entzweigebrochen, die Kerne zum größten Teil entfernt (einige dabeigelassene Kerne geben ein besseres Aroma). In der Einsiederein läßt man die Früchte ganz langsam kochen, bis sich Saft gebildet hat. Zucker, Wasser, Rum, ganze Gewürznagerln und Zimtstange dazugeben. Nicht zu stark zerkochen lassen und fleißig rühren. Lauwarm in die reinen Gläser füllen, obendrauf etwas Rum geben, verschließen.

Senfgurken

Schöne große Gurken schälen und der Länge nach durchschneiden. Die Kerne rausnehmen, in Stifteln schneiden und in ein 5-l-Glas schichten. Dann in einen Topf geben:

3 Teile Wasser
1 Teil guter Essig
Salz, etwas Zucker

ca. 15-20 Minuten kochen, dann kalt stellen, $^{1}/_{2}$ dkg Senfkörner und $^{1}/_{2}$-1 geriebene Krenwürze über die Gurken geben und mit dem Essigsud übergießen. Ein Büscherl Dill darauflegen und gut zubinden.

Paprika- und Krautsalat

$^{1}/_{2}$ kg grüne Paprikaschoten, 1 kleiner Kopf Weißkraut, 2 große Zwiebeln, 1 TL Kümmel, 1 TL Pfefferkörner
Würzessig: 1$^{1}/_{4}$ l Weinessig, 0,4 l Wasser, 1 EL Salz, 3 EL Zucker

Die Paprikas aushöhlen, auswaschen und feinnudelig schneiden. Das Weißkraut sehr fein schneiden. Auch etwas feinnudelig geschnittene Zwiebel dazugeben, alles gut einsalzen und Kümmel darunterheben. Essigwasser und Pfefferkörner aufkochen lassen und kalt über den Salat gießen. In Gläser schichten und mit Cellophan verschließen.

Niedergeschriebn von da Großmutta vom Peda.

Paprika, gefüllt mit Kraut

1 kg grüne Paprika, 1 Kopf Weißkraut, 1 EL Salz, 1 EL Kümmel
Würzessig: 1 EL Essig, 1 TL Pfefferkörner, 1/8 kg Zucker
Krenwurze in Scheiben

Die grünen Paprikas werden gewaschen, die Kappen weggeschnitten, sauber entkernt, dann mit kochendheißem Wasser übergossen und beiseite gestellt.
Das Weißkraut hobelt man sehr fein, salzt gut und läßt es 1-2 Stunden ziehen. Sodann sehr gut ausdrücken, mit Kümmel vermengen und fest in die Paprika stopfen. Gut in Gurkengläser legen und mit aufgekochtem, erkaltetem Essig übergießen. Obenauf einige Scheiben Kren legen.

Eingelegte Bohnschoten

1 1/2 kg Bohnschoten
Würzessig: 1/2 l Weinessig, 1/2 l Wasser, 1 EL Pfefferkörner, 2 EL Zucker
Öl zum Drüberträufeln

Bohnschoten 10 Minuten in Salzwasser kochen lassen, abseihen und in Gläser schichten. Mit Pfefferkörnern aufgekochtes Essigwasser abgekühlt darübergießen. Je 1 EL Öl darübergeben, mit Cellophan verschließen.

Suppen- und Soßenwürze für den Winter

1 kg Petersilienwurzeln, 1 kg Möhren, 40 dkg Sellerie, 40 dkg grüne Paradeis, 40 dkg Karfiol, 40 dkg Zwiebeln

Obige Zutaten durch die Fleischmaschine treiben. Dann mit 1 kg Salz sehr gut vermengen. In Gläser füllen und verschließen.

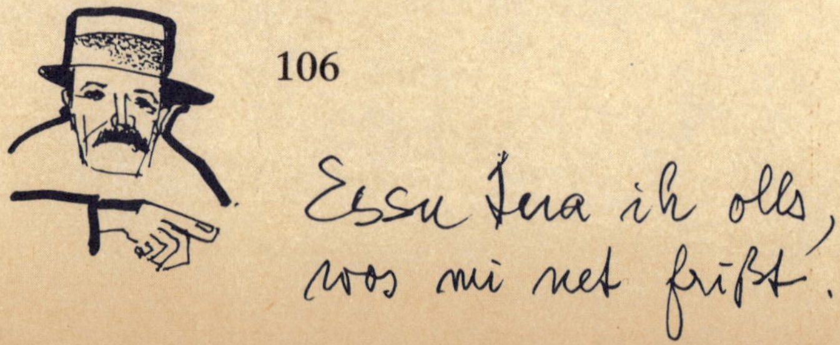

Eingelegte Gurken

2 kg kleine Einmachgurken
Würzessig: 3/4 l Weinessig, 1/2 l Wasser, 5 Wacholderbeeren, 1 TL Pfefferkörner, 1 TL Kümmel, 1 EL Salz

Die Gurken werden mit siedendem Wasser übergossen, dann schnell herausgenommen und abgetrocknet. Essig und Wasser, gemischt mit Wacholderbeeren, Pfefferkörnern, Kümmel und Salz, aufkochen und abkühlen lassen.
In große Gläser gibt man: zuerst 2-3 Blätter Weinlaub, dann gekreuzt je 1 kleine Krenwurze, 2 Blätter Weichsellaub, Dillkraut, 2 gut geputzte Paprikaschoten, eine Lage Gurkerln, wieder Weinlaub und so weiter. Die oberste Lage muß Kren mit Weinlaub sein. Gewürzessig darübergießen. Mit Pergament verschließen.

Passierte Paradeis für den Winter

2 kg reife Paradeis, 1/4 l Wasser

Die Paradeis werden mit kochendem Wasser übergossen, kurz stehen gelassen, abgegossen, die Haut abgezogen und zerschnitten. In einen großen Topf geben. Dann wenig Wasser dazugießen, langsam kochen lassen und passieren. Nochmals auf den Herd geben und kochen lassen, bis die Masse ganz dicklich ist. Auskühlen lassen. In Gläser füllen, gut mit Pergamentpapier verschließen und mit einer dünnen Schnur zubinden. Noch ca. 15 Minuten in Dunst kochen.

Kürbismarmelade

20 dkg gehobelter Kürbis, 10 dkg Zucker, Saft von 2 Zitronen, 60 g Ingwer, Vanillezucker

Auf gehobelten Kürbis nimmt man Zucker, den Saft von 2 Zitronen, Ingwer, etwas Vanille und kocht das Ganze unter Rühren zu dickem Brei. Warm in Gläser füllen, mit einem in Rum getränkten Pergamentpapier fest zubinden.

Notizen & weitere Rezepte:

„Das Grätzerische durch Erfahrung geprüfte Kochbuch eingerichtet für alle Stände, verlegt zu Grätz 1792" erzählt „Vom Einmachen und Aufbewahren des Obstes und anderer Früchte":

Große Nüsse sauer einzumachen
Pomeranzenschalen einzumachen
Hetschapetsch sauer einzumachen
Quitten für den Sommer zu erhalten
Murken mit Essig einzumachen
Rüben gut zu erhalten – Senf zu bereiten
Eingemachtes von gerösteten Marillen
Rothe Rüben einzumachen
Zwetschken auf den Winter zu verwahren.

Notizen & weitere Rezepte:

fig. 9 Wos mit da Urahn vergangen i

Limonisulz und a Kestenkoch und a bochanes Heu und Stroh, dös kennt heut kaner mehr –

Beschamel-Auflauf

Laß 1/4 Butter heiß werden, gib 3 Kochlöffel Mehl hinein, rühre es recht gut ab, schütte nach und nach 1 Seidl gutes Obers dazu, verquirle es gut, dann gib es vom Feuer weg und rühre es, bis es ganz ausgekühlt ist, dann schlage 6 Dotter hinein, gib Zucker, daß es süß genug ist, treibe es gut ab, dann schlage von 6 Klar den Schnee, ziehe ihn locker unter, schmiere einen Modl an, staube ihn aus und siede es im Dunst; man kann es auch backen.

Kräuter Suppe

Neun Frühlingskräuteln schneide fein zusammen, dann stelle in einer Rein Butter auf, gib 1 EL voll Mehl hinein, laß es goldgelb werden, dann gib die Kräuter hinein, laß es dünsten, hernach vergieß es mit Rindsuppe oder Erbsensuppe, salze sie, laß aufsieden, passiere sie durch, daß die Kräuter wegkommen, dann richte sie an, verquirle Eier, rühre sie hinein, dann ist sie fertig.

Kesten Koch

Laß abgeschälte Kesten sieden, schäle dann wieder die feine Haut ab, passiere sie durch, treibe 1/2 Pfund Butter mit 4 ganze Eier und 6 Dotter flaumig ab, gib 1/4 Pfund Zucker hinein, dann 1/4 Pfund gestoßene Mandeln, 1 Pfund durchpassierte Kesten, würze es mit Zimt und Limonischalen und fülle es in einen geschmierten Modl und backe es.

Notizen & weitere Rezepte:

Geschlagene Limonisulz

1 Pfund Zucker wird mit 1/2 Seidl Wasser 10 Minuten gekocht, dann den Saft von 9 Limoni ausgedrückt in den siedenden Zucker hineingegeben und gleich vom Feuer weg gestellt und über Nacht in einer porzellanernen Schüssel stehen lassen, wenn man es schnell braucht, stellt man es aufs Eis.

Chocolate Koch.

Nimm 4 Loth Staubzucker, 6 Eidotter, rühre es in einem Hefen eine Stund, dann einen Ziegel geriebenen Chocolat dazu, treibe es gut ab, reibe eine 1/2 Semmel, weiche die Hälfte in süßem Rahm, die andere Hälfte tue trocken mit dem Schnee dazu und backe es im Ofen.

Gebachenes Heu und Stroh

Gieb auf ein Nudelbrett eine Handvoll Mehl, walke ein wenig Butter darunter, aber nicht zu viel, nimm 2 Eyer, ein wenig Rahm und Salz, mache damit den Teig, daß es in der Stärke wie ein Nudelteig wird, und walke ihn so dünn wie möglich aus, schneide recht kleine Nudeln davon, laß in einer Pfanne Schmalz heiß werden, und backe die Nudeln schön lichtbraun heraus, richte sie auf eine Schüssel, gieb ein wenig Weinbeerl darunter. Dann nimm in einen Topf ein Seitel Rahm, 3 Eyerdotter, ein wenig Zucker und Zimmet, sprudle es gut ab, schütte es über die Nudeln, gieb unten und oben Glut und laß sie eine halbe Stunde backen.

Wan ih net moh, dann moh ih net,
und nötn los ih mi net.

Aus „Allerneuestes Kochbuch für Fleisch- und Fasttäge" von Maria Anna Bußwald verlegt 1807 in Grätz:

Ausgedünste Topfenstrudel

Mache einen Strudelteig ab, nimm hernach Butter in einen Weidling, schlage 2 ganze Eier und 2 Dötter darein, treibe es gut ab, nimm 2 Händevoll gut ausgebalgten gestossenen Topfen, schütte ihn darunter und treibe es gut ab, auch so viel Zucker dazu, daß es süß genug wird, ziehe den Teig fein aus, streiche das Abgetriebene darauf, walke ihn zusammen, schütte eine Milch in ein Kastrol, lege Zucker darein, laß es aufsieden, lege die Strudel und ein Stückchen Butter dazu, und laß es in der Höhe braun werden.

heut sogn wir dazu

Millirahmstrudel

Fülle: 15 dkg Butter, 15 dkg Zucker und 3 Dotter flaumig abtreiben, 3/8 l Sauerrahm unterrühren, zum Schluß eingeweichte Scheiben von 5 Kipferln einmengen

Den dünn ausgezogenen Strudelteig mit Fülle bestreichen, einrollen, in befetteter Pfanne backen, während des Backens mit gesüßter, heißer Milch übergießen.

Schatto.

Man schlägt ein Häferl Eyer so viel man braucht, nimmt auf Limonie geriebenen Zucker, Wein und noch soviel Zucker dazu, bis es gehörig süß ist. Man rühret es immer auf einer Glut, bis es dick genug wird. Sieht man, daß es zu wenig dick ist, so schlägt man geschwind die Klare von Eyern zu Schnee und gibt es beym Anrichten dazu.

dazu der **„Weinchadeau"** von heute:

7 EL Weißwein und 4 Dotter werden über Dampf schaumig geschlagen, zuletzt 1 EL Zucker einrühren.

Notizen & weitere Rezepte:

Notizen & weitere Rezepte:

fig. 10 **Wos da Johrlauf, die kirc**

hn Feiertäg, und andere Fest bringen –

Zan Neujohr
mögn ma ka Gflügel
weil's hinteri krotzt!
Mia essn
an kochtn Saüschädl,
dea rüsselt viri!

Am Neujahrstag wurde für die Glückwünsche der Nachbarskinder mit einer Schüssel Krapfen gedankt. Die Dreikönigsnacht war dem Bauern die wichtigste der drei Weihnächte, und noch heute ziehen Kaspar + Melchior + Balthasar durchs Land und malen ihr Glückszeichen aufs Tor.

Nur wenige Rezepte sind von dieser einst sogenannten Dreimahlnacht geblieben, in der nach Peter Rosegger neun Koch-Gänge „zur Ehre Gottes und seiner Heiligen gewissenhaft verzehrt werden sollten. Es mußte soviel gegessen werden, daß darauf keiner imstande sei, sich selbst ins Bett zu legen, sondern daß einer auf den anderen und der letzte auf die Ofengabel sich zu stützen genötigt wäre, um so ohne Gefahr für den reichlich versehenen Bauch auf den Boden zu gelangen."

Glückselig Neujahr!
Was sull mar in Hausherrn wünschn
Zan an neugn Johr?
Mia wern an wünschn
An guldanan Tisch,
Auf an iadn Egg
An guldanan Fisch;
Ba da Mitt' a Glasl Wein,
Das sull in Hausherrn
Sei Gsundheit sei.

Äpfelkoch

Man sprudelt 3 Deziliter Schlagobers mit 4 Eiern, 4 Löffel Zukker und 1 Deziliter Mehl recht gut ab, mischt je eine Handvoll Rosinen und Weinberl sowie 3 Hände voll würfelig geschnittene Äpfel dazu und bäckt es in einer mit Butter ausgestrichenen Form im Rohr goldgelb.

Aus dem Kochheft meiner Großmutter anno 1884

Die Faschingszeit:

Sie war und ist für die Hausfrau immer eine besondere Zeit. Kam schon in Roseggers Jugend bessere und reichlichere Kost auf den Tisch, auch um die Knechte und Mägde vom Wirtshaus fernzuhalten, so ist in der Foastwochn vor dem Aschermittwoch unverändert „in der Küche ein Schmoren und Braten".

Olli Tog a Sau und a Kua –
und an Zenggn Schmolzkoch dazua

Steirisches Schmalzkoch

1 l Milch, 8 EL Weizengrieß, Messerspitze Salz, 2 EL Zucker

In die siedende Milch kocht man feinen Weizengrieß ein, Salz und Zucker. Wenn der Grieß weichgekocht ist, kommt das Koch in einer irdenen Schüssel ins warme Backrohr und wird sterzig ausgedünstet. Vor dem Anrichten gibt man soviel zerlassene Butter darüber, daß sie über dem Koch steht.

Am Faschingsdienstag, vor Beginn der langen Fastenzeit, „biegen sich die Tische vor lauter guten Sachen". Überall dabei sind natürlich die

Faschingskrapfen (runde Krapfen)

1 kg Mehl, 12 dkg Butter, 8 dkg Zucker, 3 dkg Germ, 2 EL Rum, ½ l Milch, 4 Dotter, 1 Prise Salz, abgeriebene Schale von einer Zitrone

Die Germ mit ½ l Milch (lauwarm) und 1 TL Zucker an einem warmen Ort gehen lassen. Die Eidotter mit dem restlichen Zukker im heißen Wasserbad dickschaumig aufschlagen und unter

ständigem Schlagen bis auf Körpertemperatur abkühlen lassen. Das Mehl, die zerlassene Butter, das Dampfl, Rum, Zitronenschale und die Prise Salz zufügen. Der Teig muß weich sein. Diesen mit dem Kochlöffel recht gut abschlagen, so daß er sich von der Schüssel löst und eine seidige Oberfläche hat. Ungefähr ½ Stunde rasten lassen. Dann auf einem bemehlten Nudelbrett kleinfingerdick auswalken. Zuerst von der Hälfte des Teiges mit einem Krapfenmodel runde Kreise ausstechen. In jeden Kreis einen kleinen Kaffeelöffel Marillenmarmelade füllen. Aus der 2. Hälfte des Teiges ebenfalls Kreise ausstechen. Auf die Marillenmarmelade legen und festdrücken. Mit einem etwas kleineren Krapfenmodel nochmals ausstechen, daß sich die Ränder ganz fest miteinander verbinden. Die Krapfen werden nun mit der oberen Seite auf ein bemehltes Tuch gelegt, zugedeckt und um die Hälfte aufgehen gelassen. In einer Pfanne genügend Schmalz oder Öl heiß werden lassen. Die gegangenen Krapfen hineinlegen und zugedeckt auf der Unterseite goldbraun backen. Mit einem Kochlöffel vorsichtig umdrehen und offen fertig backen.
Die fertig gebackenen Krapfen gut abtropfen lassen, evtl. kurz auf Küchenpapier legen und gut anzuckern.

Nicht vergessen: alle Zutaten, auch das Mehl und der Rum, sollen vorgewärmt sein.

Und wan ma Krapfn bacht,

bleibt die Kuchltür zua!

Die anderen Krapfen werden an allen
Fest- und Feiertagen gemacht:

Gebackene Mäuse

Dampfel von: 2 dkg Germ, 1 Prise Zucker, ⅛ l lauwarme Milch; 5 dkg Butter, 1 Ei, Prise Salz, 1 EL Rum, 5 dkg Zucker, Zitronenschale, 30 dkg Mehl

Germ löst man mit lauwarmer Milch und Zucker auf und läßt ca. ¼ Stunde warm stehen. Dann fügt man warme zerlassene Butter, Ei, Salz, Rum, Zucker, Zitronenschale und Mehl bei. Aus allen

Zutaten wird unter Zusatz von lauwarmer Milch, nach Bedarf, ein sehr weicher Teig bereitet, den man so lange mit einem Kochlöffel abschlägt, bis er Blasen wirft und seidenglatt ist. Nun läßt man ihn zugedeckt an einem warmen Ort hoch aufgehen und backt ihn dann löffelweise schwimmend in heißem Fett aus. Man läßt ihn gut abtropfen und bestreut ihn mit Staubzucker, der mit Vanillezucker vermischt ist.

über 150 Jahre überliefert aus dem Rittscheintal.

Großmutters Spagatkrapfen

1 kg glattes Mehl, 1/2 kg Butter, 12 EL saurer Rahm, 8 EL Wein, Salz, 2 cl Rum, eine Handvoll Zucker, 5 Dotter, 1 EL Zitronensaft; Staubzucker, mit geriebener Schokolade vermischt

Das Mehl wird mit Butter abgebröselt. Saurer Rahm, Wein, Salz, Rum, Zucker, Dotter und etwas Zitronensaft werden zur Mehl-Butter-Masse gegeben und zu einem glatten Teig verknetet. Der Teig wird ausgewalkt und von jeder Seite wie ein Butterteig zusammengelegt. Diesen Vorgang muß man 2mal wiederholen. Dann walkt man den Teig messerrückendick aus. Man radelt breitere Streifen aus und gibt sie auf die Model, bindet sie mit Spagat fest und backt sie in heißem Fett heraus.
Die abgetropften Spagatkrapfen werden in Staubzucker, der mit etwas geriebener Schokolade vermengt ist, gedreht.

Strauben (oder Schneeballen)

1/2 kg Mehl, 1 Prise Salz, 10 dkg Butter, 2 EL Zukker, 3 Eidotter, soviel Wein, wie der Teig annimmt.

Die Zutaten gut miteinander verkneten. Ca. 1/2 Stunde rasten lassen und auf einem bemehlten Nudelbrett auswalken. Rechteckige Flecken von ungefähr 15-20 cm Länge ausradeln. 2-3 Längsschnitte auf den Flecken machen, aber so, daß der Teig oben und unten noch zusammenhält. Die Streifen ineinanderziehen. In heißem Fett ausbacken, bis die Strauben goldgelb sind. Gut abtropfen lassen und noch heiß mit Zucker bestreuen.

Frisch ausabachn
schmeckn's am besten!

Spritzstrauben

1/4 l Milch, Prise Salz, 1/4 l Mehl, 3 Dotter, 1 Messerspitze Backpulver, 1 EL Schnaps

Die Milch mit etwas Salz aufkochen. Das Mehl hineingeben und den Teig so lange rühren, bis er sich vom Boden löst. Vom Herd nehmen und auskühlen lassen. Dotter, Backpulver und Schnaps dazugeben und gut und schnell unterrühren. Die Masse in die gefettete Straubenspritze (es geht auch ein normaler Spritzsack) füllen und runde Strauben ins heiße Fett spritzen. Gut abtropfen lassen. Anzuckern oder mit Zitronen- oder Rumglasur noch heiß überziehen.

Nicht vergessen: Kloane Nockn ausstechn, weils sehr aufflaufn!

Almsäuerling

1/2 kg Topfen, etwas Salz, 1/4 l saurer Rahm, Mehl nach Bedarf; Schmalz zum Ausbacken

Der Topfen wird passiert, etwas gesalzen und mit saurem Rahm zu einem sehr dickflüssigen Brei verrührt. Dann kommt soviel Mehl dazu, daß ein Nockerlteig entsteht. Vom Teig werden Nokken ins heiße Schmalz gegeben und goldgelb herausgebacken.

Gfladlkrapfen

56 dkg Mehl, 4 EL Sauerrahm, 4 EL Wein, 4 Eidotter, 1 Prise Salz

Alle Zutaten nicht allzuviel mit den Händen, sondern hauptsächlich mit dem Nudelwalker zu einem Teig abarbeiten. Diesen buchartig zusammengelegen und wieder auswalken. Etwas rasten lassen. Den Vorgang noch 3 mal wiederholen. 1 Stunde an einem kalten Ort rasten lassen, dann neuerlich fingerdick auswalken. Hierauf Strauben ausradeln und in heißem Fett ausbacken.
Gut abtropfen lassen und heiß überzuckern.

Saure Rahmstrauben

6 EL Mehl, 6 EL saurer Rahm, Salz, 5 Eier, 1 kleiner EL Schmalz

Zu feingesiebtem Mehl wird saurer Rahm gerührt. Dann gibt man etwas Salz, Eier und siedendheißes Schmalz dazu. Diese Masse läßt man durch einen Straubentrichter in heißes Fett laufen, backt die Strauben schön goldgelb und bestreut sie noch heiß mit Vanillezucker.

Im August zum Ferdinand gibts die

Hollerstrauben

¼ l Wein, 2 Eier, 5 dkg Zucker, 1 Prise Salz, 22 dkg Mehl

Die Zutaten gut miteinander verquirlen, ca. ½ Stunde rasten lassen. Inzwischen Hollerblüten unter fließendem Wasser abbrausen und gut trockentupfen. In den Teig tauchen und in heißem Fett goldgelb ausbacken. Gut anzuckern und gleich essen.

Karwoche und Ostern:

Am Gründonnerstag gibts einen Spinat mit einer Eierspeis, oder eine

Spinatsuppn

1 kg Blattspinat, ¾ l Rindsuppe, Salz, Pfeffer,
1 Spritzer Essig, ca. ¼ l Obers
Einbrenn von: 4 dkg Mehl, 5 dkg Butter

Der Spinat wird in Salzwasser kurz gekocht. Unterdessen macht man eine helle Einbrenn. Dann wiegt man den Spinat mit dem Wiegemesser sehr fein. Die Einbrenn gießt man mit echter oder falscher Suppe auf und verrührt sie mit dem Spinat. Man salzt und pfeffert nach Geschmack, gibt einen kleinen Spritzer Essig dazu und kurz vor dem Anrichten gießt man so viel Obers zu, daß die Suppe recht cremig ist.
Gebähte Semmelschnitten oder verlorene Eier schmecken gut darin.

Am Karfreitag gibts nur a Knofelsuppn mit an Hoadnsterz, am Karsamstag mittags nur a gsölchte Suppn und erst auf 'd Nacht a gweichtes Gsölchtes, harte Eier, an frisch grissenen Kren und a Weichbrot.

Nur zum Osterfleisch essn wir das

Steirische Osterbrot

80 dkg Mehl, 4 Eidotter, ¼ l Obers, 10 dkg Butter,
4 dkg Germ, Milch, Prise Salz, Ei zum Bestreichen

Das Mehl vorwärmen, Obers und Eidotter versprudeln. Die Germ in ⅛ l lauwarmer Milch und einer Prise Zucker am Ofen ein wenig aufgehen lassen. Dann alles zusammen mit dem Mehl und der zerlassenen Butter gut verarbeiten, daß der Teig weich und glänzend wird und sich vom Kochlöffel löst. Im lauwarmen Backrohr gehen lassen. Den Teig zu einem Laib oder Wecken formen, auf ein gebuttertes, bemehltes Backblech legen, noch einmal gehen lassen, mit versprudeltem Ei bestreichen und schön goldbraun im Rohr backen.

Dann gibts noch zu Ostern

Schinken im Brotteig

2½-3 kg Beinschinken

Einen kleinen Beinschinken legt man über Nacht in Wasser, kocht ihn am nächsten Tag nur kurz auf und trocknet ihn gut ab. Dann umwickelt man ihn gut mit fingerdickem Schwarzbrotteig (vom Bäcker), sticht mit der Gabel öfters ein und backt ihn ca. 3 Stunden bei 220 Grad im Backrohr.
Man läßt ihn im Teig erkalten, bevor man ihn anschneidet.

Gebackenes Lämmernes

1 kg Lammschulter, ausgelöst, Salz, Pfeffer, Ei, Mehl und Brösel nach Bedarf

Eine Lammschulter in möglichst gleichmäßige Stücke schneiden. Salzen, pfeffern und in Mehl, Ei und Bröseln panieren. In heißem Schmalz ausbacken und gut abtropfen lassen und mit einem grünen Salat anrichten.

Mohn- oder Nußstrudel

250 Gramm Mehl, 15 Gramm Germ, 1/8 l Milch,
35 Gramm Zucker, 60 Gramm Butter, 1 Dotter

Aus der Germ, der Milch, 100 Gramm Mehl und 1 TL Zucker ein Dampfel machen und an einem warmen Ort gehen lassen. Die restlichen Zutaten unter das Dampfel mischen und mit einem Kochlöffel so lange abschlagen, bis der Teig glänzt und sich von der Schüssel löst. 1/2 Stunde am Herdrand gehen lassen. Dann fingerdick auswalken und mit Mohn- oder Nußfülle füllen. Zusammenrollen, mit 1 verklopften Ei bestreichen, auf ein gefettetes, bemehltes Backblech geben und bei 220 Grad ungefähr 1 Stunde backen. Noch heiß, gut mit Staubzucker anzuckern.

Mohnfülle: 1/4 kg geriebener Mohn, 10 dkg Zucker, 1 EL Honig, 4-5 dkg Semmelbröseln, 1 EL Rum, Zimt, 1/4 l Milch

Alle Zutaten gut vermischen und erhitzen, aber nicht kochen lassen, etwas auskühlen und dann weiter verwenden.

Nußfülle: 1/8 l Milch, 6 dkg Zucker, 5 dkg Bröseln, 5 dkg gehacktes Zitronat, 5 dkg Rosinen, 15 dkg Nüsse, 1 EL Rum, Zimt, Schale 1 Zitrone

Zubereitung wie bei „Mohnfülle".

Das Brotbacken:

Im eigenen Ofen ist das Brotbacken das ganze Jahr über wie eh und je ein besonderes Anliegen der Bäuerin und benötigt besondere Sorgfalt. „Wer jetzt ein Fenster aufmachte, den würde sie sofort mit der Ofengabel durchbohren und dann vor Gericht sich bloß damit rechtfertigen: Er hat beim Backen ein Fenster aufgemacht." Viel hat sich da seit Rosegger nicht geändert.

Bauernbrot

1 Korb Roggenmehl, 1.200 g Weizenmehl, um 2,– S Germ, Anis, 9 EL Salz

Roggenmehl sieben und Germ in Wasser auflösen. Salzen, Anis und Weizenmehl dazugeben und 1/2 Stunde kneten. Wasser dazugeben, bis der Teig sich bindet.

Erdäpfelbrot

1/2 kg Mehl, 1/2 kg gekochte und geriebene Erdäpfel, 1 Ei, Prise Salz, Dampfel von 3 dkg Germ, Prise Zucker, 1/8 l lauwarme Milch

Alles zusammen gut abarbeiten, so lange schlagen, bis der Teig seidig glänzt und sich vom Kochlöffelstiel löst. An einem warmen Ort gehen lassen, einen Laib oder einen Wecken formen, auf ein bebuttertes, bemehltes Blech legen, nochmals gehen lassen und goldbraun backen.

Blattern am Leib
und Brot im Körbel
brauchen Hitz!

Mei Vota loßt
bittn um Brechla!

Ausgiebige Bewirtungen:

Zu bestimmten Anlässen (wie Erntedank) und zu den Gedenktagen der Schutzpatrone haben sie sich im Jahrlauf erhalten. Die Nachbarschaftshilfe spielt dabei eine große Rolle.

Da war etwa bis vor wenigen Jahrzehnten ein Gastmahl für jeden wohlbestallten Bauernhof im späten Herbst Freude und Verpflichtung, nachdem Freunde Flachs für die Leinwand brachen (Flachs oder Haar brecheln).

Das festliche Essen, der anschließende Tanz und überlieferte Spiele sind bei ähnlichen Anlässen in regional unterschiedlicher Art, zum Beispiel beim Woazschälen (Maisauslösen), geblieben. Das innige Tischgebet steht heute noch weithin für die feierliche Dankbarkeit vor 120 Jahren:

„Ja, vergelts Gott, ihr,
ich hab rechtschaffen gegessen,
soviel gut ist alles gewesen;
vergelts Gott, ihr –"

Und die Entgegnung:

„Gesegn' dir's Gott, viel hast nit kriegt."

Zu Allerheiligen:

erhalten heute Kinder von ihren Taufgöden den

Allerheiligenstriezel (Germstriezel)

2 dkg Germ werden mit 1 EL lauwarmer Milch, 2 dkg Mehl zu einem Dampfel gerührt und an einem warmen Ort gehen gelassen.

40 dkg Mehl, 1 TL Salz, 8 dkg Zucker, 10 dkg erwärmte Butter, 12 EL Milch

werden mit dem Dampfel vermischt und mit 2 Dottern und 1 ganzen Ei zu einem Teig verarbeitet. Wenn der Teig gut durchgeknetet ist, fügt man noch 10 dkg in etwas Rum eingeweichte Rosinen und 1 TL feinstgeriebene Zitronenschale bei.
Man macht aus dem Teig 4 dicke, 3 etwas dünnere und 2 sehr dünne Rollen, die alle gleich lang sein müssen. Erst die 4 dicken Rollen zu einem Zopf flechten, mit Eiklar bestreichen, 1 Zopf aus den 3 dünnen Rollen darauflegen, wieder mit Eiklar bestreichen, zuletzt kommen die 2 dünnen zusammengedrehten Rollen darauf. Nun läßt man den Striezel an einem warmen Ort doppelt so hoch aufgehen, bestreicht wieder mit Eiklar, streut Kristallzucker darauf und schiebt den Striezel ins leicht vorgeheizte Rohr und backt bei ca. 220 Grad ungefähr 1 Stunde lang.

Nach Rosegger hatte dieser Brauch einmal eine ernstere Funktion. „Ist Gottes Segen gewesen am Hofe, so opfert die Hausfrau ihren armen Brüdern und Schwestern”, die von Hof zu Hof zogen, Brotlaibe und Gemüse einsammelten und Sterz und Schmalzmus vorgesetzt erhielten. Jedes „Vergelts Gott, Allerheiligen”, so sagte der Landmann, war für das Kornfeld mehr wert als eine Fuhre Mist:

Schmalzkochbäurin, wir wünschen dir
Glück und Segen für deine Küah,
Glück und Segen für Haus und Stall
Und für deine Hühner und Kinder all!
Vergelts Gott, Schmalzkochbäurin!

Die Krapfengarb:

Heute kaum mehr anzutreffen ist ein vom Gesinde einst geliebter, von der Bäuerin gerne anerkannter Brauch:
Nach dem wochenlangen Dreschen zur Winterszeit mußte der Weidbub versuchen, mit einer Garbe möglichst viel Körner auf den Herd zu bekommen, weil es dann statt Brotsuppe und Erdäpfel ebenso viele Krapfen für alle gab.
Ähnlich war es zur Schnittzeit bei den immer noch beliebten

Schnitterkrapfen (Germstrauben)

Dampfel von: 6 dkg Germ, 1/8 kg griffiges Mehl, Prise Zucker, 1/8 l lauwarme Milch; 90 dkg Mehl, 10 dkg Butter, 10 dkg Zucker, 2 Eier, 3 Dotter, 2 EL Rum, 1 TL Salz, abgeriebene Schale von 1 Orange, Milch nach Bedarf

Aus Germ und griffigem Mehl sowie Zucker und lauwarmer Milch ein Dampfel machen. Angewärmtes, griffiges Mehl, Butter, Zucker, Eier, Dotter, Rum, Salz, abgeriebene Schale von 1 Orange und Milch (soviel der Teig annimmt) dazugeben und gut abschlagen, bis sich der Teig von der Schüssel löst. An einem warmen Ort gehen lassen. Dann fingerdick auswalken, Vierecke ausradeln und in diese Streifen hineinradeln, so daß die Flecken oben und unten noch zusammenhalten. Aus heißem Fett ausbakken und mit Staubzucker gut anzuckern.

Bäurin, boch Kropfn,
sechzipfadi Zupfn,
die beangadn, bouchadn
Körndln toan hupfn.

Und so handfest waren die Krapfen fürs brave Gesinde:

Bauernkrapfen

Dampfel von: 6 dkg Germ, 1/4 l lauwarmer Milch,
Prise Zucker, 10 dkg Mehl; 2 l Mehl, Salz, 2 Eier,
4 EL Rum, 10 dkg Schmalz

Man nimmt zu Mehl etwas Salz, macht ein Dampfel von 6 dkg in 1/8 - 1/4 l lauwarmer Milch versprudelter Germ, verklopft die Eier, Rum, Schmalz (zerlassen), rührt alles gut miteinander ab und gibt soviel Milch dazu, daß ein geschmeidiger Teig entsteht. Man schlägt den Teig ab, bis er Blasen wirft, läßt ihn etwas rasten und walkt kleinfingerdick aus. Dann sticht man große Krapfen aus, füllt diese mit Zwetschken- oder Kirschenmarmelade, schlägt sie zur Hälfte zusammen und drückt sie an den Rändern gut zu. Man läßt sie noch einmal gehen und backt sie dann in heißem Fett aus und zuckert sie an. Will man Weinbeeren zum Teig mischen, so füllt man die Krapfen nicht.

Zeit zum Abstechen:

war die Kält'n vor und nach Weihnachten; heute, mit der Tiefkühltruhn, gehts ja das ganze Jahr über.

Bluatsterz

¼ l Schweinsblut, 3 EL Mehl, 3 EL Milch, Pfeffer,
3 Knoblauchzehen, 6 EL Grammeln

Frisches Schweinsblut, Mehl, Milch, Pfeffer, zerdrückte Knoblauchzehen gut miteinander verrühren. Eine gußeiserne Rein gut mit Schmalz ausstreichen. Die Grammeln hineinstreuen, den Blutsterz darüberschütten und bei guter Hitze backen.

Zerst trinkn mar an Tee,
dann stechn mar ob,
dann hau mar ein in d Schüssl,
gramelvoll mitn frischn Bluatsterz.

Saure Leber

1 EL Schmalz, 2 Zwiebeln, ½ kg Schweinsleber,
1 EL Mehl, ¼ l Suppe oder Wasser, Salz, Pfeffer,
1 TL Essig

In Schmalz läßt man feingehackte Zwiebeln goldgelb anlaufen, gibt blättrig geschnittene Schweinsleber hinein, röstet kurz durch, staubt einen Gedanken Mehl darüber, gießt mit etwas Suppe oder Wasser auf, salzt, pfeffert und gibt noch ein paar Tropfen Essig dazu.

Leberstreichwurst

½ kg Kopffleisch, ¼ kg Schmer, 2 kg Schweinsschulter, 1 kg Zwiebeln, ¾ kg Schweinsleber, Salz

Kopffleisch und Schmer in Salzwasser kochen. Schweinsschulter braten, alles zusammen mit Zwiebeln noch warm faschieren. Frische Schweinsleber roh dazu faschieren, die Masse nach Geschmack salzen. In gut gereinigte Därme füllen. 20 Minuten bei ungefähr 70 Grad überbrühen.

Selchwürstl

10 kg Fleisch grob faschieren, 15 dkg Salz, 5 dkg Pökelsalz und ½ Packerl Dauerwurstgewürz daruntergeben. In gut gereinigte Därme füllen und selchen.

auch von der Reserl.

Am Nachmittag machn wir die Boaz,

also die

Beize für ca. 50 kg Fleisch

1 kg Salz, 2 EL Staubzucker, eine Handvoll Wacholderbeeren, 2 EL Pökelsalz, 1 EL Pfeffer, 1 EL starker Paprika, ¼ kg Knoblauch und ½ kg Schalotten

Alle Zutaten werden mit der Fleischmaschine heruntergetrieben, mit den Händen noch einmal gut vermischt und das Fleisch damit gut eingerieben. Es wird täglich umgedreht und nach ungefähr 8 Tagen in die Selch gegeben. Fürs Selchfeuer nimmt man grünes (frisches) Holz, Sägespäne und Kranewittstauden. Der Rauch muß kalt zum Fleisch kommen. Es bleibt so lange in der Selch, bis es eine schöne Farbe angenommen hat.

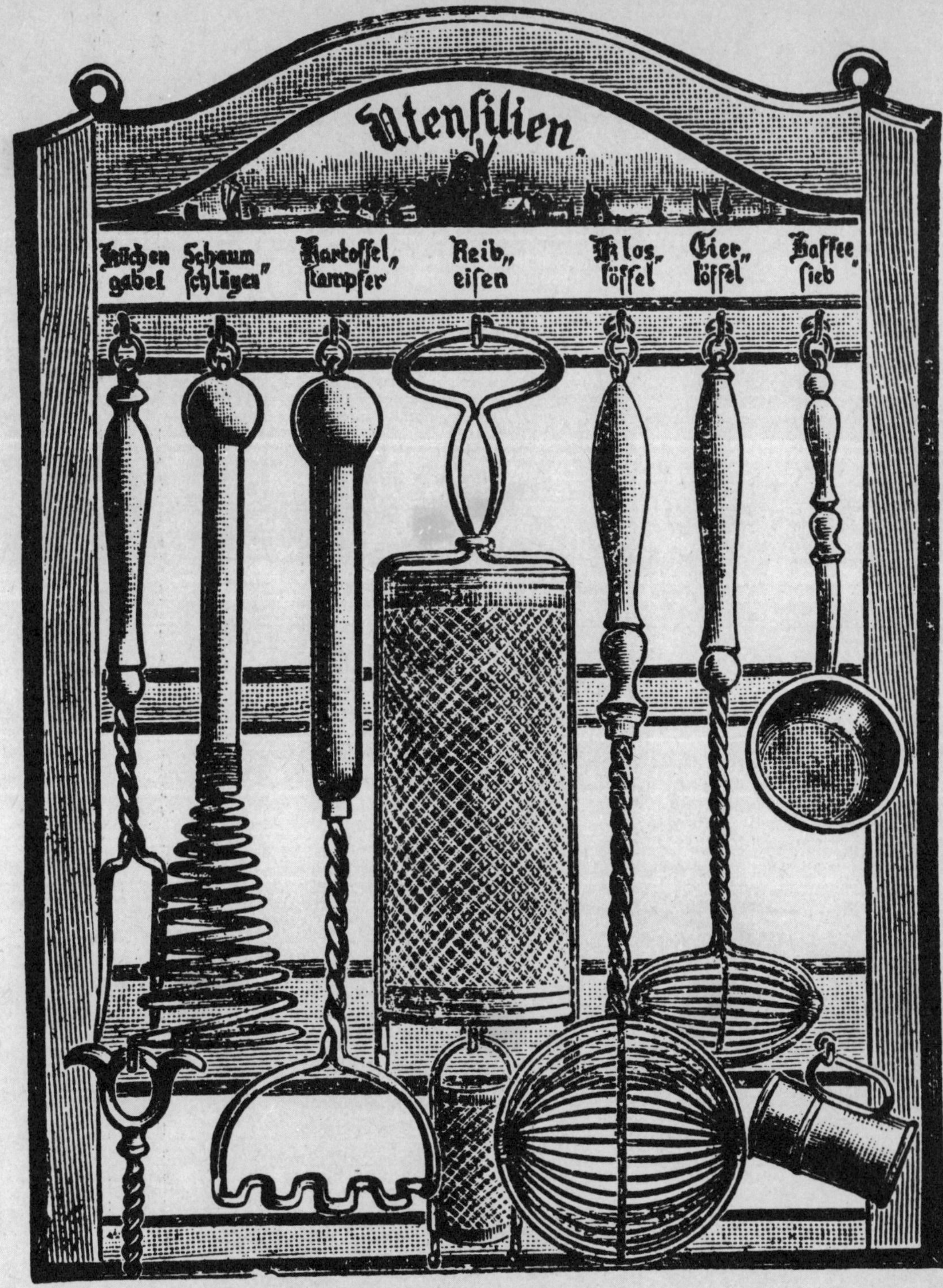
Utensilien
Küchen gabel
Schaum schläger
Kartoffel stampfer
Reib eisen
Klos löffel
Eier löffel
Kaffee sieb

Unser Mittogmohl war a guate Leberknödelsuppn, das frischbratene Stichfleisch, dazu a Sauerkraut, Erdäpfel und runde Krapfn.

Auf d'Nocht, nach dem Schmolzauslossn gibts

Grammeln mit Ei

¼ kg Grammeln, 3 Eier, Salz

Grammeln heiß werden lassen, Eier versprudeln und gut salzen, über die Grammeln gießen und stocken lassen. Dazu gibts ein Bauernbrot.

Jessas – Grammeln!
Und a Kruag Holzäpflmost dazua –
bleibt nix liegn in Mogn,
wol gwiß nit.

Lebertommerl

5 dkg Schmalz, 2 Eier, 20 dkg faschierte Kalbs- oder Schweinsleber, Salz, Pfeffer, Majoran, Muskatnuß nach Geschmack, Semmelbrösel nach Bedarf

Schmalz mit Eidottern flaumig abtreiben, faschierte Kalbs- oder Schweinsleber einführen. Salz, Pfeffer, Majoran und eine Spur Muskatnuß beifügen. Die 2 Klar zu Schnee schlagen, vorsichtig unter die Lebermasse heben. Soviel Semmelbrösel beifügen, daß die Masse noch flaumig ist.
In ein mit Schmalz ausgefettetes Reindl füllen und bei guter Hitze ca. ½ Stunde backen. Dazu ißt man Sauerkraut.

Das Weihnachtsessen am Christtag:

Lungenstrudelsuppe und gebratenes Schweinernes, Apfelkren, gebackenes Kälbernes, Semmelkoch, Triet, gebratene Gans, 2-3 Salate, Butterkrapfen, Keks und ein Bröselkoch.

Da braucht dann der Johann schon sein' Magentee, damit er zwischen den Feiertagen den Eierschleck wieder vertragt ...

Magentee

Zu gleichen Teilen Pfefferminzblätter, Lindenblüten, Wermutkraut, Fenchelsamen

2 Tassen Wasser zum Kochen bringen, je 2 TL Kräuter damit übergießen, ca. 2-3 Minuten ziehen lassen, durch ein Sieb gießen und schluckweise trinken.

Eierschleck

3 Eidotter mit 3 TL Staubzucker sehr schaumig rühren, 1 TL Zitronensaft und 2 TL Rum unterrühren und schnell aufschlecken!

Vergelts Gott – glückseligi Feiter ollaseits.

Vergelts Gott –

Glückselige Feiertage allerseits.

Notizen & weitere Rezepte:

Großer Gott voll Lieb und Güte,
gib uns eine gute Nacht
und beschütze Haus und Hütte,
tröste, wo die Sorge wacht!

Adolf Frankl

Anhang und Inhalt

Steirische Ausdrücke, die Sie vielleicht nicht kennen:

A	abschmalzen	in Fett schwenken
	abtreiben	abrühren
	anlaufen	in wenig Fett erhitzen
	anziehen	rasten
	Äpfel, dünste	Apfelkompott
	aufsieden	aufkochen
B	Beiried	Rinderhuft
	Bohnschoten	grüne Bohnen
D	Dampfel	Vorteig aus Hefe, Milch, Zucker und Mehl
E	Eierschwammerl	Pfifferlinge
	Einbrenn, lichte	helle Mehlschwitze
	Erdäpfel, greste	geröstete Kartoffeln
F	Farferln	mit der Hand abgebröselter Mehl-Wasser-Eiteig oder Mehl-Milch-Eiteig
	faschieren	durch den Fleischwolf drehen
	Flecksuppe	Kaldaunen- oder Kuttelsuppe

G

gebäht	ohne Fett rösten
Germ	Hefe
Gewürznagerln	Gewürznelken
Grammeln	Grieben
G'sölchtes	Selchfleisch oder Räucherfleisch
gsotten, kurz	kurz aufgekocht

H

Häferl	Tasse
Heidenmehl (Hoadn)	Buchweizenmehl
Hetscherlwein	Hagebuttenwein
Hollerblüten	Holunderblüten

I

irdene Form	Tonform

K

Kernöl	das von uns Steirern so sehr geliebte dunkle, dickflüssige Öl aus getrockneten Kürbiskernen
Kestenkoch	Kastanienkoch
Koch	Auflauf
Kopffleisch	ausgelöster Schweinekopf
Knofel	Knoblauch
Kranewittstauden	Wacholderstauden
Krapfenmodel	Krapfenausstecher
Kraut (auch Weißkraut)	Weißkohl
Kren, gerissen	Meerrettich (gerieben)
Kürbisruabn	Kürbisgemüse

L

Liebstöckl	Lustock
linden	Mehl solange in trockener, heißer Pfanne rösten, bis sich ein guter Backgeruch bemerkbar macht

M

Milch, dicke	saure Milch
Model	Form (hier Backform)

N

Neugewürz	Piment

O

Obers	Sahne

P

Palatschinken	Pfannkuchen
(Frittaten)	(geschnittener Pfannkuchen)
Paradeis	Tomate
Pflanzl	In der Pfanne gebackene Kuchen
Plutzer	krugähnliches Tongefäß
Polentamehl	Maismehl

R

Rahm, saurer	saure Sahne
Rein	großer Topf
Reinderl	kleiner Topf
resch	kroß
Ribiseln	Johannisbeeren

S

sämig	dicklich
Senf	Mostrich
sieden	kochen
Soß	Sauce
Schlagobers	Schlagsahne
Schmer	Bauchfilz
Schöpsernes	Hammelfleisch
Schwammerln	Pilze
Schwarzbeeren	Heidelbeeren, Blaubeeren
Schweinshaxl	Eisbein
Selchfleisch	gepökeltes Schweinefleisch
Stamperl	kleines Glas
Stelze	oberer Teil des Eisbeins
Sterz	Pfannkuchen
Stichfleisch	frisches Schweinefleisch (am Tage des Abstechens)

T

Teigerl	dünner Brei aus Mehl und . . .
Topfen	Quark

V

verklopftes Ei	verquirltes Ei
versprudeln	(auch verquirlen zersprudeln)

W

Weichbrot	geweihtes Brot
Weichsellaub	Sauerkirschenblätter
Weidling	Rührschüssel
Woazschnitten	Maisschnitten

denn so liebevoll nennt man Euch heute noch bei uns auf dem Land

Werte Deutschländer!

Grad heraus – wie wir Steirer bei den Randbemerkungen sind:

Was Sie nicht verstanden haben, würden Sie auch nicht verstehen, wenn wir's erklärten.

Einige Ausnahmen konnten wir übersetzen – gutmütig, wie wir Steirer sind.

Inhaltsverzeichnis

Suppeneinlagen

Falsche Suppn

Dicke Suppn

Fleischspeisen

Innereien

Wild

Falsches Fleisch

Zuaspeisn

Strudeln

Salate

Bei da Brettljausn

Beim Nochtmohl

Süßspeisen

Getränke

Konserviertes

Rezepte der Urahn

Gerichte an Festtagen

Wenn Sie sich für weitere Bücher aus unserem Verlag interessieren, schreiben Sie uns oder fragen Sie Ihren Buchhändler. Nachdem Sie dieses Buch kennengelernt haben, werden Ihnen sicher auch unsere anderen Titel zusagen, wobei Sie diejenigen, die wie das vorliegende Buch auch zur Landschaftsserie gehören, alle zu dem gleichen Preis erwerben können.

Eine kleine Überraschung haben wir noch für Sie. Sie können bei uns eine zu diesem Kochbuch passende Schürze bestellen. Auch zu allen anderen Regionalkochbüchern unseres Verlages gibt es eine Schürze zum Preis von DM 18,–. Bestimmt wird sie Ihnen gefallen!

Das Brotbackbuch
Das Kochbuch aus Hamburg
Das Kochbuch aus Hessen
Das Kochbuch vom Oberrhein
Das Kochbuch aus Berlin
Das Kochbuch aus dem Schwarzwald
Das Kochbuch aus München und Oberbayern
Das Kochbuch von der Mosel
Das Kochbuch aus Niederbayern und der Oberpfalz
Das Kochbuch aus Franken
Das Kochbuch aus Bremen
Das Kochbuch aus Sylt
Das Kochbuch aus der Pfalz
Das Kochbuch aus dem Münsterland
Das Kochbuch aus Westfalen
Das Kochbuch aus Thüringen, Sachsen und Schlesien
Das Kochbuch aus Mecklenburg, Pommern und Ostpreußen
Das Kochbuch aus Schleswig-Holstein
Das Kochbuch aus dem Rheinland
Das Kochbuch aus Schwaben
Das Kochbuch aus Niedersachsen
Das Kochbuch aus dem Saarland
Das Kochbuch aus dem Sauerland
Das Kochbuch vom Dreiländereck

Das Kochbuch aus Tirol
Das Kochbuch aus Kärnten
Das Kochbuch aus Wien
Das Kochbuch aus Salzburg

Das Kochbuch aus dem Bernbiet
Das Kochbuch aus Basel
Das Kochbuch aus dem Tessin (ital./deutsch)
Das Kochbuch aus der Innerschweiz
Das Kochbuch aus Graubünden
Das Kochbuch aus der Westschweiz
Das Kochbuch aus der Ostschweiz

Das Kochbuch aus dem Elsaß (franz./deutsch)
Das Kochbuch aus Schottland (engl./deutsch)
Das Kochbuch aus Lyon (franz./deutsch)
Das Kochbuch aus der Tschechoslowakei (tschechisch/deutsch)
Das Kochbuch aus Luxemburg (franz./deutsch)
Das Kochbuch aus Italien – Ligurische Spezialitäten (ital./deutsch)

Das praktische Jagdkochbuch
Das Buch vom schönen Backen
Das Kochbuch aus Kombüse und Pantry
Hausmachers Schnapsbuch
Rund um den deutschen Wein